MÉMOIRE

SUR l'usage où l'on est d'enterrer les Morts dans les Eglises & dans l'enceinte des Villes.

PAR M. MARET, Docteur-Médecin-Chirurgien de la Faculté de Médecine de Montpellier, Agrégé au Collége des Médecins de Dijon, Secretaire perpétuel de l'Académie des Sciences, Arts & Belles-Lettres de la même Ville, Agrégé Honoraire du Collége de Médecine de Nancy, des Académies de Bordeaux, Clermont-Ferrand & Caen.

A DIJON,

Chez CAUSSE, Imprimeur du Parlement, de la Ville & de l'Académie des Sciences; place St. Etienne.

M. DCC. LXXIII.

AVEC APPROBATION ET PERMISSION.

AVERTISSEMENT.

ON avoit repréſenté à Meſſieurs les Officiers Municipaux, qu'en continuant d'enterrer dans le cimetiere de la Paroiſſe Notre-Dame, les morts de la Maiſon de Force établie en cette Ville, on s'expoſoit à remplir trop promptement ce cimetiere, & à forcer de rouvrir d'anciennes foſſes avant la deſtruction complete des cadavres; d'où il pouvoit réſulter de grands inconvénients. Mrs. les Fabriciens de Notre-Dame avoient demandé en conſéquence qu'il fût fait un cimetiere pour la Maiſon de Force.

Avant de répondre à cette demande, Meſſieurs les Officiers Municipaux conſulterent l'Auteur de ce Mémoire ſur le danger de continuer ces inhumations, & ſur la néceſſité du cimetiere que l'on demandoit.

Pour répondre à leur confiance, l'Auteur s'attacha à déterminer quel nombre de cadavres le cimetiere déſigné peut recevoir ſans inconvénient. Il fit voir, non-ſeulement que la ſomme des morts de cette Paroiſſe, année commune, réunie à celle des morts de la Maiſon de Force, excédoit de beaucoup celle des cadavres qui pouvoient être dépoſés ſans inconvénient dans le cimetiere de la Paroiſſe Notre-Dame, mais encore que ce cimetiere, par ſon peu d'étendue & par ſa ſituation, n'étoit pas même ſuffiſant pour recevoir les morts de la Paroiſſe; qu'il ſeroit donc intéreſſant pour le public d'ouvrir un autre cimetiere pour cette Paroiſſe, & de le placer hors de la Ville; qu'à plus forte raiſon il étoit abſolument indiſpenſable d'en faire un pour la Maiſon de Force.

AVERTISSEMENT.

Les recherches que l'Auteur avoit faites à l'occaſion de cette Conſultation, & les réflexions auxquelles ces recherches avoient donné lieu, l'avoient engagé à faire ſentir qu'il faudroit également réformer tous les cimetieres des différentes Paroiſſes de cette Ville, les conſtruire hors des murs, & ne pas permettre qu'on enterrât dans les Egliſes.

L'infection de la Cathédrale, cauſée par une exhumation que les enterrements dans les Temples rendent indiſpenſable, lui parut une circonſtance favorable pour s'élever contre un abus auſſi pernicieux, & il crut devoir, généraliſant ſes idées, attaquer l'uſage des inhumations faites dans les Egliſes & dans l'enceinte des Villes.

L'accueil favorable que Monſeigneur l'Evêque, Monſieur le Procureur Général & Meſſieurs les Officiers Municipaux ont fait à ſon Ouvrage, le ſuffrage de l'Académie & celui de pluſieurs perſonnes éclairées qui l'ont eu en communication, lui font eſpérer qu'il n'aura pas en vain démontré le danger auquel cet uſage expoſe. La ceſſation de cet abus ſatisferoit ſon patriotiſme.

MÉMOIRE

SUR l'uſage où l'on eſt d'enterrer les Morts dans l'enceinte des Villes & dans les Egliſes.

L'ANCIENNETÉ d'un uſage le rend en vain reſpectable au vulgaire, toujours néceſſairement ſubjugué par les préjugés. Si cet uſage donne lieu à des abus, celui qui les apperçoit, doit s'attacher à les démontrer; & lorſque ces abus compromettent la ſanté des hommes, il eſt du devoir des Médecins de s'élever contre eux.

Du nombre des abus dangereux & capables d'altérer la ſanté, ſont ceux qu'entraîne l'uſage où l'on eſt en France d'enterrer dans l'enceinte des Villes, & ſur-tout dans les Egliſes. Des faits multipliés dépoſent contre cet uſage. La raiſon ſe réunit à l'expérience pour en faire ſentir le danger. Si des préjugés reſpectables empêchent de le reconnoître, eſfavons de les combattre par l'expofition des effets que produifent les fépultures, & des circonftances dans lefquelles ces effets font redoutables.

Aucun Médecin n'ignore que les fépultures faites dans des lieux peu aérés, font dangereufes, & ce n'eft point à eux que l'on cherche à le prouver. Eclairer le public fur cet objet important, eft le but qu'on fe propofe; & pour mettre les perfonnes les moins inftruites, en état d'apprécier les motifs qui doivent les engager à profcrire l'ufage d'inhumer dans l'enceinte des Villes & dans les Eglifes, on commencera par pofer des principes fur lefquels feront appuyés tous les raifonnemens qu'on emploiera dans cet Ouvrage.

I. Il n'eft plus permis de douter qu'il n'y ait un feu central (1). L'action de ce feu fur les fubftances renfermées dans la terre, ou placées à fa furface, celle du principe vital dans les animaux vivants, & de la fermentation putride dans ceux qui font morts, occafionent une exhalation des molécules les plus mobiles de ces différentes fubftances & des parties conftitutives des animaux.

(1) Mrs. de Buffon & de Mairan, & fur-tout ce dernier, en ont prouvé l'exiftence d'une maniere fi convaincante, qu'on ne peut fe refufer à l'admettre.

II. Cette exhalation eſt d'autant plus grande, que la cauſe expulſive a plus d'énergie; que les ſubſtances dont il peut ſe faire des émanations, ſont en plus grande quantité; & que leur humidité diſpoſe davantage leurs parties conſtituantes à céder au mouvement inteſtin qui doit opérer leur diviſion.

III. L'air ſe charge de toutes les matieres que leur ténuité ou leur expanſion rendent plus légéres qu'un égal volume de ce fluide, & par ce moyen favoriſe l'exhalation, mais toujours proportionnellement à ſes qualités accidentelles.

IV. La chaleur de l'athmoſphere rend l'exhalation facile, à raiſon du peu de réſiſtance que la raréfaction de l'air oppoſe aux émanations.

V. Sa froideur la gêne, ſoit en condenſant la ſurface de la terre, & reſſerrant les pores exhalants des animaux, ſoit en repouſſant les émanations par l'augmentation de la peſanteur de l'air.

VI. Sa ſéchereſſe ſeconde cette exhalation par l'énergie que la privation des parties aqueuſes donne à la faculté abſorbante de l'air (III).

VII. Son humidité la rend au contraire fort difficile, parce que l'air plus ou moins ſoulé de molécules aqueuſes, n'abſorbe point, ou très-peu de matieres exhalées, & ne pouvant point les diſſoudre aiſément, les concentre dans un petit eſpace, & augmente la denſité des vapeurs qui en ſont formées.

VIII. L'agitation & le peu de mouvement de l'air influent encore ſur la quantité de cette exhalation & ſur l'état des vapeurs qui en ſont le produit.

1°. Si l'air eſt mu avec beaucoup de vîteſſe, la maſſe aérienne qui raſe la terre & qui environne les corps exhalants, ſe renouvelle fréquemment, & abſorbe une grande quantité de matieres exhalées qu'il diſperſe au loin.

2°. Son peu de mouvement & ſon immobilité font au contraire que les corps exhalants ne ſont environnés que par un volume d'air déterminé & très-lentement renouvellé. D'où il arrive que cette portion d'air retient toutes les émanations qu'il lui eſt poſſible d'abſorber, & que les vapeurs qui réſultent de cette abſorption, deviennent très-épaiſſes.

IX. L'intenſité de ces différents états de l'air & leur combinaiſon, produiſent des effets qui leur ſont proportionnés.

1°. Si la chaleur eſt forte, l'humidité conſidérable & l'immobilité abſolue, l'altération de l'air eſt à ſon plus haut point.

2°. Elle eſt un peu moindre, mais toujours très-ſenſible, ſi, l'une de ces conditions manquant, les deux autres ſe trouvent réunies. Cette altération décroît à raiſon de la diminution d'intenſité des unes & des autres. Dans le premier cas, les vapeurs très-abondantes & très-épaiſſes s'élevent à peu de hauteur, & peuvent par un coup de vent être portées en maſſe, plus ou moins denſe, à des diſtances plus ou moins grandes. Mais dans le ſecond, comme la quantité de ces vapeurs eſt moindre, comme elles ſont un peu moins condenſées, diſperſées dans un plus grand volume d'air, & portées à une plus grande hauteur, le courant d'air les diviſe en les entraînant, & rend leur tranſport moins ſenſible.

3°. La ſéchereſſe, réunie au froid & au grand mouvement de l'air, fait que les vapeurs ſont ſi ſubtiles, qu'elles ne ſont plus ſenſibles, parce que les molécules exhalées ſont en petit nombre, & rapidement abſorbées & diſperſées.

X. Il réſulte delà que l'exhalation eſt relative à la qualité & à la quantité des ſubſtances, dont le feu central, l'action vital & le mouvement putride peuvent volatiliſer les molécules conſtituantes.

2ent. Que l'air eſt ſouvent chargé de molécules minérales ou végétales, ou animales, acides ou alkalines, ou ſulphureuſes, de miaſmes formés par la combinaiſon diverſe des différentes ſubſtances exhalantes.

3^{en}. Que pendant le froid & la ſécherеſſe (V. VI. XI. 3.), l'air eſt plus pur que pendant l'humidité & la chaleur. (IV. VII. IX. 1°. & 2.)

4^{ent}. Que le calme de l'athmoſphere augmente l'infection de l'air. (VIII. 2. IX. 1°.)

5^{ent}. Que les vents plus ou moins violents la diminuent. (VIII. 1°.)

6^{ent}. Que cependant cet effet des vents eſt proportionné, non-ſeulement à leur degré de force, mais encore à leur qualité particuliere : que pendant le regne des vents du Nord & de l'Eſt, ordinairement ſecs & froids, l'air eſt plus pur que pendant celui du Sud & de l'Oueſt, qui ſont preſque toujours chauds & humides.

7^{ent}. Qu'ainſi la pureté de l'air eſt facilement altérée dans les mines, dans les lieux marécageux, & dans ceux qui ſont remplis d'un grand nombre d'animaux vivants, ou de cadavres.

9^{ent}. Que les endroits humides, chauds ou peu froids, & dans leſquels l'air eſt en ſtagnation, ſont plus expoſés à être infectés, que ceux qui ſont ſecs & frais ou froids, & dans lesquels l'air circule avec liberté.

9^{ent}. Enfin, que les aspects différents des lieux y favorisent encore l'infection, ou s'y opposent, & que l'aspect du Sud ou de l'Ouest, est plus contraire à la pureté de l'air, que celui du Nord & de l'Est.

XI. Cette disposition de l'air à être altéré par le mélange des substances plus ou moins volatisées, auquel il s'unit (III.), & à s'en charger proportionnellement aux différents états de l'athmosphere (IV à VIII), & des lieux qu'il occupe (X. 7.), rend souvent ce fluide la cause des événements les plus funestes; parce qu'il est absolument nécessaire à la vie de tous les animaux, & que les molécules volatilisées adhérent aux molécules aériennes, de maniere à s'en détacher très-difficilement, & à faire en quelque sorte, par cette adhésion, un seul & même corps.

XII. On sait que sa pesanteur & son élasticité favorisent la circulation en forçant le poumon à son développement, & en contre-balançant, par leur action sur la surface du corps, la tendance des humeurs à la raréfaction, & augmentant la résistance des vaisseaux.

XIII. On sait que l'air pénétre nos humeurs, soit en se mêlant avec nos aliments, ſoit en s'introduiſant par les pores de la peau & par ceux de la membrane qui revêt intérieurement le poumon, & que par ce mêlange nos humeurs acquiérent une conſiſtance qui la rend capable de réſiſter au principe inteſtin de putréfaction.

C'eſt à raiſon de ces différentes propriétés & de leur néceſſité, que l'air devient funeſte, lorſqu'il eſt altéré & qu'il a plus ou moins perdu de ſa pureté naturelle.

XIV. Le mêlange du phlogiſtique lui enleve ou diminue ſon élaſticité, en le raréfiant, & prive les hommes des avantages que cette élaſticité devoit leur procurer. (XII.)

La raréfaction peut être portée à un point ſi conſidérable, qu'elle équivale à denſité, ſuivant la remarque de M. de Morveaux (1),

(1) On avoit cru, d'après les expériences & les réflexions de M. Hales, que les vapeurs ſulphureuſes abſorboient l'air. Mais en rendant raiſon des phénoménes de l'air dans la combuſtion, M. de Morveaux a fait ſentir que toutes les fois que l'air raréfié ne peut s'étendre, il acquiert un reſſort qui équivaut à la plus grande denſité (Mémoir. de l'Académie de Dijon, 1er. vol. pag. 427); & qu'ainſi ce qu'on attribuoit au défaut d'air, dépendoit d'un excès de raréfaction. Or, comme rien n'eſt plus raréfiant que le phlogiſtique, il s'enſuit que c'eſt à la raréfaction produite par l'action de ce principe, qu'eſt due en partie la vertu ſuffocante des vapeurs ſulphureuſes fournies par le charbon allumé dans des endroits fermés.

M. Cigna, dans une Diſſertation ſur les cauſes de l'extinction de la lumiere d'une bougie, & de la mort des an-

& que l'air extérieur s'oppoſant en cette circonſtance à la ſortie de celui qui a été aſpiré, occaſione une ſuffocation mortelle.

XV. La quantité & la nature des matieres exhalées & abſorbées par l'air, peuvent encore produire le même effet, en s'emparant en quelque ſorte de toutes les molécules aériennes, & s'y uniſſant intimement, de façon qu'il en réſulte un corps analogue aux vapeurs méphitiques qui s'élevent de la grotte du Chien à Naples, & d'une denſité ſi conſidérable, qu'il fait également obſtacle à la ſortie de l'air contenu dans le poumon. (1)

XVI. Les exhalaiſons qui ſe mêlent à

---

maux renfermés dans un eſpace plein d'air, a entrevu cet effet de la raréfaction; mais il paroît par la maniere dont il s'en explique, pag. 55, 57 du tom. VI, part. 1re. des Obſervations de M. l'Abbé Roziers, qu'il n'avoit pas à ce ſujet des idées bien claires.

(1) Le même M. Cigna, dans la Diſſertation citée, fortifie cette aſſertion par ſes remarques ſur l'action des vapeurs qui diminuent la force répulſive de l'air en ſe mêlant avec elles (pag. 42), & ſur l'adhérence des exhalaiſons animales aux molécules aériennes, qui ſont tellement unies à l'air, dit-il, qu'on n'a pas encore pu l'en débarraſſer (p. 78). C'eſt au mêlange des vapeurs formées par ces exhalaiſons animales, qu'il attribue la mort des animaux renfermés dans un endroit dont l'air n'eſt pas renouvellé, & qui les tue, ſelon ſes obſervations, d'autant plus promptement que ces vapeurs ſont plus denſes (pag. 12 & 13).

l'air, n'ont pas toujours une denſité aſſez forte pour donner auſſi promptement la mort; mais en ſe diſſolvant dans ce fluide, en adhérant intimement à ſes molécules, elles lui font contracter une acrimonie qui devient ſouvent la cauſe de différentes maladies pernicieuſes. L'air ainſi altéré porte alors dans nos humeurs un âcre qui infecte la maſſe humorale, vicie le fluide nerveux même, & attaque le principe vital.

XVII. Comme il n'eſt queſtion dans ce Mémoire que d'apprécier les effets des ſépultures, on ſe bornera à l'examen de l'action des exhalaiſons fournies par les ſubſtances animales.

Elles ſont en général ſi pernicieuſes, que l'haleine, la tranſpiration & les excrétions des animaux vivants, ſuffiſent pour vicier l'air; mais les émanations des ſubſtances animales, décompoſées par la putréfaction, ſont celles qui l'altérent d'une maniere plus funeſte : tantôt elles enlevent à l'air ſon élaſticité, & de leur mêlange réſulte une maſſe d'une denſité ſuffocante (XV); tantôt elles font contracter à ce fluide, par leur adhérence à ſes molécules & par leur âcreté, une acrimonie peſtilentielle qu'il communique à nos humeurs (XVI).

XVIII. Ce ſeroit le cas d'appuyer cette

assertion par des détails physiologiques & pathologiques; mais des faits puisés dans l'Histoire en prouveront mieux l'évidence, & ces preuves en seront plus facilement saisies.

XIX. C'est à la corruption des cadavres laissés sans sépulture, ou recouverts de trop peu de terre, que Jean Cuspin (1), que Diodore de Sicile, attribuent la peste dont ils font le récit.

St. Augustin rapporte (2) qu'une grande quantité de sauterelles noyées dans la mer, & rejettées sur les côtes où elles se pourrirent, occasionerent une peste des plus cruelles.

Jean Volf (3) & Forestus (4) assurent que des poissons morts, & abandonnés par la mer sur le rivage, ont causé des maladies pestilentielles. Celle qui dévasta la Toscane du temps d'Ambroise Paré (5), eut pour cause la putréfaction d'une baleine qui avoit échoué sur les côtes de ce Duché.

XX. Si l'Egypte est presque tous les ans ravagée par la peste, & est regardée comme

---

(1) Dans la vie de l'Empereur Henri premier.

(2) Dans le chap. 31 du liv. 3 de la Cité de Dieu.

(3) Dans la Centurie 10e. du 1er. volume des choses mémorables.

(4) Dans la Scholie de la 9e. observation du 6e. livre.

(5) Dans le 3e. chap. du 22e. liv. de ses Œuvres, qui a pour objet la description de la peste.

le foyer d'où plusieurs fiévres malignes éruptives, & notamment la petite vérole, se sont répandues par tout l'univers, c'est que le Nil, lorsqu'il se retire, laisse dans les campagnes qu'il avoit couvertes, une infinité d'insectes aquatiques & de poissons, qui, en se corrompant, exhalent dans l'air des miasmes délétères (1).

XXI. La France fut nombre de fois exposée aux ravages de la peste dans les 10, 11, 14, 15 & 16e. siécles, & l'Histoire nous apprend que dans ces temps malheureux, des guerres intestines & des famines jonchoient de cadavres la surface du Royaume; que l'agriculture négligée avoit transformé la plupart des Provinces en marécages, & que l'obligation de se mettre en défense, amoncelant les peuples dans les Villes, en rendoit le séjour infect, & d'autant plus dangereux, que la police méconnue ou impraticable, ne pouvoit prévenir les inconvéniens de la malpropreté (2).

XXII. Tous les siéges longs & meur-

(1) Mead, dans son Traité de la Peste, chap. 1er.

(2) Tous nos Historiens, & sur-tout ceux dont les Bénédictins ont fait la collection, rapportent des faits de cette espèce très-décisifs. J'en ai fait sentir le rapport avec la santé, dans mon Mémoire sur l'influence des mœurs, pag. 79, 121 & 122.

triers ont été accompagnés de maladies pestilentielles qui augmentoient l'horreur de la position des assiégés.

Toutes les fois que des armées nombreuses ont sejourné long-temps dans les mêmes camps, ou se sont trouvé postées dans des pays marécageux pendant de grandes chaleurs, on y a vu regner des fiévres pestilentielles, qui avoient sensiblement pour cause des émanations putrides animales qui s'élevoient des latrines, des boucheries & des cloaques de toute espèce.

La maladie connue sous le nom de fiévre hongroise, de fiévre maligne des camps, qui fut observée pour la premiere fois en Hongrie, dans l'année 1566, pendant les campagnes de Maximilien second du nom, contre Soliman, Empereur des Turcs, & s'étendit par contagion presque dans toute l'Europe; qui regna encore dans les armées pendant les guerres de 1626, & qui se déclara en 1656 à Thorn en Hongrie, où l'armée de Charles Gustave s'étoit réfugiée après sa défaite (1), s'est plus d'une fois manifestée dans nos armées & dans celles de nos enne-

(1) Voyez Sennert, liv. IV, chap. 14 du 2e. volume; Ramasini dans son Traité des Maladies des Armées, chap. XXX, des maladies des Artisans.

mis par l'effet des mêmes causes (1). On l'a vue se développer également dans des Hôpitaux trop remplis, & dans des prisons surchargées de prisonniers ; ce qui lui a fait donner encore le nom de fiévre d'hôpital, de fiévre des prisons.

XXIII. Les événements des grands Jours tenus à Oxford en 1577, & renouvellés en pareille circonstance à Tauton, l'année 1730, (2) ne permettent pas de douter que l'infection animale ne soit la cause de cette maladie. On la vit sortir des prisons avec les malheureux que l'on y avoit renfermés en grand nombre, s'élancer sur les Juges qui périrent tous, & se répandre dans le voisinage de la prison.

XXIV. Les Ouvrages d'Ambroise Paré nous offrent des faits non moins concluants sur les effets des exhalaisons animales.

On y lit que dans l'Agenois, en 1562, il regna une fiévre pestilentielle, qui porta ses ravages sur un espace de dix lieues de diametre, & qui avoit été occasionée par des vapeurs putrides animales, élevées d'un puits

---

(1) Pringles dans ses Observations sur les maladies des armées, tom. 1, chap. 2, III, & dans plusieurs autres articles du même Ouvrage.

(2) Huxam, tom. 2, pag. 83 de ses Observations sur l'air & sur les maladies épidémiques.

du château de Pêne, dans lequel on avoit jeté, deux mois auparavant, beaucoup de corps morts.

Le même Auteur a vu au Fauxbourg St. Honoré à Paris, cinq hommes, jeunes & robustes, morts dans une fosse qu'ils s'étoient chargés de curer (1), & qui depuis long-temps servoit d'égoût au fumier des pourceaux.

Le Docteur Georges Hannéus rapporte un fait très-analogue à celui-ci, & qui s'est passé en 1694, à Rendsbourg dans le Duché de Holstein. Quatre personnes périrent pour être descendues dans un puits qui avoit été bouché très-long-temps, & dont le voisinage d'une étable à pourceaux avoit altéré l'eau. (2)

Un enfant étant descendu, à Florence, dans un puits presque rempli de fumier, y mourut sur le champ, ainsi qu'un jeune homme qui y accourut pour le secourir, & un chien qu'on y jeta (3).

---

(1) V. le chap. 3 du 22e. livre des Ouvrages de ce Chirurgien célèbre.

(2) Observ. XIII de la 3e. décurie de la seconde année des Ephémérides d'Allemagne, Collect. acad. tom. VI, p. 329.

(3) Observ. 33e. de la 1re. décurie, 1re. année, Collect. acad. tom. 4, pag. 95.

XXV. M. l'Abbé Rozier (1) dit qu'un Particulier de Marseille fit, il y a environ quinze ans, ouvrir des fosses pour planter des arbres, dans un endroit où en 1720, lors de la peste, on avoit enterré un grand nombre de cadavres. A peine eût-on donné quelques coups de bêche, que trois des Ouvriers furent subitement suffoqués, sans qu'on pût les rappeller à la vie.

XXVI. Mon intention n'est pas de rassembler ici tous les faits qui prouvent le danger de respirer un air chargé d'exhalaisons animales putrides, ceux que je viens de citer, suffisent pour établir cette vérité. Je me permettrai seulement d'y en ajouter quelques-uns, qui, par leur espèce, ont un rapport plus direct avec l'objet de ce Mémoire.

XXVII. Ramazini raconte qu'un enterreur étant descendu, pendant la nuit, dans un charnier, pour dépouiller le cadavre d'un jeune homme qui y avoit été déposé avec tous ses habits, y fut suffoqué, & tomba mort sur le cadavre dont il violoit la sépulture.

Le même Auteur fait observer que les fossoyeurs sont presque toujours pâles, & vieil-

---

(1) Observat. physiques, année 1773, tom. 1er. pag. 309.

liſſent rarement (1) : c'eſt une obſervation qu'on eſt toujours dans le cas de faire ſoi-même.

XXVIII. M. Haguenot, Doyen de la Faculté de Médecine de Montpellier, dans un Mémoire ſur le danger des inhumations dans les Egliſes (2), rapporte que le 17 Août 1744, trois hommes moururent dans un caveau de l'Egliſe Notre-Dame à Montpellier, où l'inhumation d'un Pénitent Blanc les avoient engagés à deſcendre, & qu'un quatriéme n'échappa à ce danger que par la fuite la plus prompte. Celui-ci éprouva des vertiges, des lypothimies qui firent craindre pour ſa vie; ſes habits & ſon corps même exhalérent, pendant plus de quinze jours, une odeur cadavéreuſe.

XXIX. Un homme très-gros fut enterré, il y a environ trente-cinq ans, dans l'Egliſe paroiſſiale de Talant, ancienne Ville ſituée

---

(1) Traité des Maladies des différents Ouvriers, chap. XVII, pag. 45.

(2) Ce Mémoire fut lu le 23 Décembre 1746, dans une ſéance de la Société Royale des Sciences de Montpellier, en préſence de l'aſſemblée det Etats de Languedoc : il a été imprimé en 1747 à Montpellier, chez Jean Martel, avec les autres Ouvrages dont on fit lecture dans cette ſéance; il ne fait pas moins honneur aux connoiſſances & aux lumieres de M. Haguenot, qu'à ſon cœur que l'on voit pénétré des ſentiments d'humanité les plus ardents.

à trois quarts de lieue de celle-ci. On n'avoit pas proportionné l'évaſement du fond de la foſſe au volume du cadavre, & l'on ne put faire deſcendre le cercueil qu'à un pied au-deſſous du niveau du ſol, de ſorte qu'on ne le recouvrit que d'un pied de terre & de la tombe qui avoit ſept à huit pouces d'épaiſſeur. Quelques jours après, la putréfaction étant devenue conſidérable, des émanations cadavéreuſes infecterent l'air, & trois ſemaines s'étoient à peine écoulées, que l'infection obligea de déſerter l'Egliſe. Pour y remédier, on réſolut d'exhumer le cadavre, & de l'enterrer dans une foſſe plus profondément creuſée, à peu de diſtance de celle où il avoit été dépoſé. Trois foſſoïeurs entreprirent cette tranſlation; d'eux d'entre eux ne purent réſiſter à la fétidité des vapeurs, eurent des nauſées ſuivies de vomiſſements conſidérables, & étant ſortis de l'Egliſe, refuſerent d'y rentrer. L'eſpoir du gain ſoutint le courage du troiſiéme, qui acheva l'ouvrage; mais à peine eut-il aſſez de force pour ſe rendre chez lui, il vomit à pluſieurs repriſes, prit la fiévre, ſe mit au lit, & mourut au bout de dix jours. C'eſt de M. Berard, Prêtre très-reſpectable, & alors Curé de Talant, qu'on tient ce fait.

XXX. Le 15 Janvier dernier, au rapport

du P. Cotte, Prêtre de l'Oratoire, un fossoyeur creusant une fosse dans le cimetiere de Montmorency, donna un coup de bêche sur un cadavre enterré un an auparavant; il sortit une vapeur infecte qui le fit frissonner, & lui fit dresser les cheveux dans la tête. Comme il s'appuyoit sur sa bêche pour fermer l'ouverture qu'il venoit de faire, il tomba mort, & les secours qu'on lui donna, furent inutiles (1).

XXXI. Il est donc certain que les exhalaisons animales putrides ont plus d'une fois, en infectant l'air, occasioné les plus funestes accidents, qu'elles ont plus d'une fois donné subitement la mort, ou causé des maladies mortelles, & toujours proportionnellement à leur densité (XXIV. XXVI. XXVII. XXVIII). Enfin, rien n'est plus démontré que la qualité pernicieuse des exhalaisons animales putrides. Pour se convaincre que l'usage d'enterrer dans les Eglises est dangereux, il ne faut donc qu'examiner si cet usage n'y expose pas une infection animale; mais pourroit-on en douter?

XXXII. Un nombre infini de cadavres sont livrés à la putréfaction dans les Eglises,

(1) Voyez les Observations physiques de Mr. l'Abbé Rozier, année 1773, vol. 1er, pag. 109.

ſoit dans la terre & recouverts d'une tombe, ſoit dans des caveaux qu'on eſt ſouvent obligé d'ouvrir, dont l'entrée eſt fermée par une pierre preſque toujours mal ſcellée, & dont les voûtes, pour la plupart très-anciennes, ſont rendues perméables par la réunion de l'humidité & des exhalaiſons cadavéreuſes. Les miaſmes qui partent de tous ces cadavres plus ou moins putréfiés, ſe répandent & ſe mêlent à l'air qui remplit les Egliſes : il en réſulte une infection d'autant plus redoutable, que tout contribue à y concentrer les vapeurs infectes, à en porter la denſité au point de les rendre très-pernicieuſes.

XXXIII. On a vu que l'humidité & l'inertie de l'air favoriſent cette denſité; que la ſécheresſe & le renouvellement fréquent de la maſſe aérienne pourroient ſeuls la diminuer (VI. VII. VIII & IX). Mais dans nos Egliſes il regne preſque toujours une humidité ſenſible, l'air y eſt preſque toujours immobile; ſi quelquefois il y eſt fort agité, jamais ſa maſſe entiere n'y eſt renouvellée : la forme & l'aſpect de nos Temples s'y oppoſent.

XXXIV. La figure de la plus grande partie de nos Egliſes, ſur-tout de celles qui ſervent à la deſſerte de nos Paroiſſes, eſt une Croix-latine formée par deux bâtiments d'inégale longueur, dont les murs paralleles entre eux, ſont fort élevés & ſurmontés par une voûte qui les réunit. Le plus long de ces bâtimens eſt dirigé de l'Oueſt à l'Eſt, & l'autre du Nord au Sud. Celui-ci coupe le premier à angles droits, à peu près aux deux tiers de ſa longueur; on le nomme la croiſée, tandis que l'autre eſt déſigné par le nom de nef. L'extrémité orientale de la nef eſt terminée par une ligne courbe, & une grande porte eſt ouverte dans l'occidentale. Des portes plus étroites & plus baſſes ſont ordinairement pratiquées au Sud & au Nord de la croiſée, mais ſouvent cette croiſée n'eſt point percée.

Dans beaucoup d'Egliſes regne le long de la nef, de droite & de gauche, un ou pluſieurs rangs de portiques en maniere de galeries voûtées, avec des Chapelles dans leur pourtour. Ces galeries collatérales ont leurs voûtes beaucoup moins élevées que celles de la nef & de la croiſée. De grandes fenêtres percées de côté & d'autre, à de grandes élévations, y portent la lumiere, mais ſont rarement ouvertes pour y donner entrée à l'air.

XXXV. Il réſulte de cette conſtruction, que les vents de l'Oueſt, du Sud & du Nord ſont les ſeuls qui puiſſent ſouffler dans les Egliſes; mais que le premier n'y peut jamais établir de courant capable d'y renouveller l'air, parce que n'y trouvant aucune issue par l'extrêmité orientale, il est forcé à se réfléchir sur lui-même.

La disposition des portes ouvertes dans la croisée est plus favorable à l'établissement d'un courant; mais pour qu'il s'en forme à l'aide de ces portes, il faut qu'elles se correspondent, qu'elles soient toutes deux ouvertes en même temps. Ce courant est alors si rapide, qu'il ne déplace que la portion d'air qu'il a rencontrée dans son passage, & que n'ayant guere plus de largeur que celle des portes, il est incapable de renouveller la masse aérienne contenue dans l'Eglise.

D'ailleurs, pour que la formation de ce courant ait lieu, il est nécessaire que des rues aboutissent directement à la croisée, ou que les Eglises soient situées au milieu d'une place un peu spacieuse, & souvent elles sont environnées de rues très-étroites, & qui leur sont paralleles.

Bien plus, il est peu d'Eglises dont la croisée soit percée par des portes, ou dans lesquelles les portes se correspondent. Des sept qui desservent les Paroisses de cette Ville, il n'en est que deux qui soient dans ce cas-là; encore dans l'une d'elles (1), ces portes sont

(1) L'Eglise St. Michel.

masquées par des tambours, & dans l'autre, (1) des maisons très-rapprochées du côté septentrional s'opposent à ce que le Nord y aborde avec facilité.

Ajoutons à ces considérations, que des trois vents qui peuvent pénétrer dans les Eglises, deux toujours très-humides & fort chauds, le Sud & l'Ouest, sont plutôt capables d'augmenter la densité des vapeurs infectes, que de la diminuer. (X. 7. 9.)

Ajoutons encore que dans le cas le plus favorable, l'air du Chœur, celui des Chapelles & des différents angles rentrants, formés par la rencontre des murs, ne peut jamais être renouvellé, & conséquemment reste toujours infecté, l'est même d'autant plus, que les courants d'air sont plus rapides dans l'Eglise, parce qu'alors sa vîtesse équivalant à sa densité, s'oppose au mêlange que l'agitation naturelle de l'air auroit produit d'elle-même.

Qu'on ne croie pas que la grande élévation des voûtes supplée à la circulation qui devroit se faire entre l'air extérieur & l'intérieur. Tout l'avantage que cette élévation procure, est celui d'offrir aux émanations cadavéreuses une masse d'air considérable; mais

---

(1) L'Eglise Saint Jean.

cette masse, très-rarement renouvellée, ne peut échapper à l'infection. S'il faut longtemps pour la corrompre, parce que les vapeurs grossieres ne s'élevent que difficilement jusqu'à la voûte, il s'ensuit que la hauteur de la colonne d'air ne diminuant point, la densité des vapeurs qui émanent du sol, n'empêchera pas qu'on ne respire dans les Eglises un air infecté des miasmes cadavéreux.

XXXVI. La réalité de cette infection est si peu problématique, qu'elle se rend sensible à l'odorat de ceux qui entrent dans les Temples au moment où l'on vient d'en ouvrir les portes, sur-tout dans les saisons humides & chaudes, dans les temps où les maladies épidémiques multipliant les morts, forcent à remplir l'Eglise d'un grand nombre de cadavres, à en ouvrir souvent la terre & les caveaux.

L'infection de la Cathédrale qui a fait déserter cette Eglise, est encore une preuve de l'effet que produisent les sépultures dans les Temples (1). Si les miasmes putrides, four-

(1) Cet événément est d'autant plus concluant, qu'il a sensiblement pour cause l'usage d'enterrer dans les Eglises, & qu'il se reproduira nécessairement tant que subsistera cet usage.

Comment en effet l'Eglise la plus vaste pourroit-elle suffire aux inhumations, si, de temps-à autre, on ne vuidoit pas les charniers communs ; si l'on n'en tiroit pas les cadavres, à

nis par les cadavres, ne ſortent pas toujours en aſſez grande quantité pour ſe rendre auſſi

---

demi-pourris, pour en tranſporter ailleurs les oſſemens & les dépouilles, & faire place à d'autres ? M. Haguenot, dans ſa Diſſertation citée, note 2, page 19, raconte qu'on prend ce parti à Montpellier dans les Paroiſſes Ste. Anne & Notre-Dame. Il n'eſt aucune des Paroiſſes de cette Ville où l'on ne procéde de même; une tranſlation de cette eſpèce a donné lieu à l'infection de la Cathédrale.

Depuis la deſtruction de l'Egliſe Saint Médard, on fait le ſervice paroiſſial dans cette Egliſe, & le peu d'étendue de ſon cimetiere forçant à y inhumer la plus grande partie des morts de la Paroiſſe qu'elle deſſert, on ſe voit obligé d'en vuider les caveaux communs tous les quatre ou cinq ans. Et c'eſt ce que l'on fit le 5 Février. Mais juſqu'à préſent on avoit fait dans les caveaux des foſſes où l'on enterroit les reſtes des cadavres; l'on ſe contentoit d'enlever les planches des cercueils qui étoient employées ou vendues au profit des Foſſoyeurs & du Bedeau. L'élévation du ſol produit par les enfouiſſements multipliés, ne permettoit plus d'employer ce moyen. Pour y ſuppléer, on a cru qu'il ſuffiroit d'y amonceler les débris des cadavres, & qu'on parviendroit à hâter leur deſtruction en les couvrant de chaux, ſur laquelle on jetteroit de l'eau.

Ce projet mal raiſonné a été exécuté. Les cadavres ont été tirés de leurs cercueils, & enſuite entaſſés les uns ſur les autres. On les a couverts de chaux, & cette chaux a été humectée par pluſieurs ſeaux d'eau. Cette ſubſtance calcaire, qui retarde la putréfaction quand elle eſt ſéche, l'accélere lorſqu'elle eſt humide & qu'elle entre en fuſion. Elle a produit cet effet en cette occaſion-ci, de maniere qu'il s'eſt développé rapidement un alkali volatil, chargé d'une huile fétide, & qui s'eſt échappé ſous la forme de vapeurs. En vain les Foſſoyeurs ſe ſont-ils empreſſés à fermer l'entrée du caveau, à en ſceller la pierre, les vapeurs ſe ſont fait jour par les joints de cette pierre; elles ont même percé la voûte & ſe ſont répandues dans l'Egliſe. On eſt parvenu, par un moyen ingénieux, à corriger l'infection de l'air,

ſenſibles qu'ils l'ont été en cette occaſion, ils ne s'échappent pas moins conſtamment de deſſous les tombes, ils ne s'en font pas moins jour à travers les voûtes mêmes des charniers, & l'air qui ordinairement croupit dans nos Egliſes, ſera toujours plus ou moins infecté, & d'autant plus que les tranſlations, au moins indiſcrettes, de l'eſpèce de celle qui a empeſté la Cathédrale, ſeront néceſſitées par le peu d'étendue des cimetieres & des caveaux, tant que l'on continuera d'enterrer dans les Egliſes.

XXXVII. Cet uſage y expoſe donc réellement à une infection animale putride; & dès qu'il eſt démontré par des faits conſtants que cette infection peut occaſioner les plus funeſtes événements (XVII. XXIV.), n'eſt-il pas évident que cet uſage eſt dangereux & qu'il doit être proſcrit?

Peut-être croira-t-on que le danger de cet

---

en ſaturant, par l'acide marin, l'alkali volatil qui ſoutenoit l'huile fétide : mais le foyer d'où les vapeurs s'exhaloient, en fourniſſant toujours de nouvelles, il a fallu combler le caveau pour en tarir la ſource.

Si le peuple, trop peu clair-voyant pour ſentir les conſéquences d'un uſage dont l'événement, qu'on vient de décrire, prouve ſi bien le danger, s'obſtinoit donc à deſirer, que cet uſage ſe perpétuât, peut-être penſera-t-il autrement quand il verra qu'il eſt impoſſible que le repos des morts ſoit toujours reſpecté, tant que l'on fera les inhumations dans les Egliſes & dans l'enceinte des Villes.

ufage eft exagéré, parce que s'il étoit auffi grand qu'on a lieu de le préfumer par les réflexions préfentées dans ce Mémoire, des malheurs plus multipliés l'auroient rendu fi fenfible depuis long-temps, qu'il ne feroit pas néceffaire aujourd'hui de travailler à le prouver.

XXXVIII. Cette objection fera bientôt réduite à fa jufte valeur, fi l'on fait attention que les effets pernicieux des vapeurs putrides ne fe manifeftent que fur le lieu même, à moins qu'elles n'aient acquis une denfité affez grande pour être affimilées à des vapeurs méphitiques, ou qu'elles ne foient beaucoup rapprochées de leur nature; que d'ailleurs elles doivent trouver des difpofitions particulieres dans les fujets, pour qu'elles puiffent les affecter fenfiblement, & que la plupart d'entre elles agiffent fur nous fourdement & à la longue.

Qui pourroit d'ailleurs affurer que les fiévres malignes putrides, qui dévaftent quelquefois les plus grandes Villes, & dont la caufe éloignée n'eft pas toujours fentie, ne font pas occafionées par l'infection de l'air des Eglifes? Soit qu'on s'imprégne de miafmes cadavéreux dans les Eglifes mêmes, foit que des circonftances particulieres permettant à ces miafmes de fe répandre au dehors, on ait le malheur de se trouver dans la direction du courant qui les charrie.

XXXIX. M. Haguenot présumoit qu'il falloit attribuer à cette cause les fiévres malignes qui regnent fréquemment à Montpellier, & la malignité qui complique souvent les maladies les plus simples (1). Il n'est aucun Médecin clinique auquel l'expérience n'ait donné la même idée. Pour assurer que l'usage d'enterrer les morts dans les Eglises, a souvent produit les effets pernicieux qu'on est en droit de lui reprocher, il suffit qu'on ait souvent vu des malades attaqués de la maladie que ces vapeurs animales putrides sont capables de donner. Plusieurs Fossoyeurs, plusieurs Ecclésiastiques attachés à des Paroisses de cette Ville, sont morts de maladies pareilles, à la fleur de leur âge.

Un événement très-récent appuie cette assertion d'une maniere bien concluante. La petite Ville de Saulieu vient d'essuyer une épidémie, sur les événements de laquelle des émanations cadavéreuses ont sensiblement influé. M. Bauzon, Docteur en Médecine, a bien voulu me donner à ce sujet des détails qui ne permettent pas de penser autrement.

Il regnoit en cette Ville, depuis la fin de

---

(1) V. ce Mémoire cité, pag. 16, not. 1.

Février, une fiévre catharrale épidémique, principalement du genre putride bilieux, dont les ſymptômes n'étoient point alarmants, & dont l'iſſue étoit rarement fâcheuſe. Mais on avoit inhumé le 3 Mars dans l'Egliſe Paroiſſiale, qui eſt ſous le vocable de St. Saturnin, le cadavre d'un homme d'une groſſe corpulence, & qui étoit mort de la fiévre déſignée. On fut dans le cas d'y enterrer, le 20 Avril, une femme morte en couches, & attaquée de la même maladie. On ouvrit ſa foſſe près de celle du mort qui avoit été inhumé le 3 Mars. Ce fut dans la matinée que ſe fit cette ouverture, & la foſſe reſta ouverte pendant plus de dix heures.

Le Curé qui diſpoſoit cent dix-ſept enfants à faire leur premiere Communion le Dimanche ſuivant, les raſſembloit dans cette Egliſe le matin & le ſoir, & les y retenoit deux à trois heures à chaque fois. Ils s'y trouverent le matin dans le temps de l'ouverture de la foſſe, & le ſoir lors de l'enterrement. Pluſieurs de ces enfants ſe plaignirent ce jour même à leurs parents, de ce que l'on ſentoit très-mauvais à l'Egliſe, & leurs plaintes continuerent les jours ſuivants. Cette odeur fétide étoit ſurtout très-ſenſible le matin, quoique la foſſe eût été fermée. Ce qui avoit encore contribué à rendre cette infection plus conſidérable, c'eſt qu'en deſcendant le cercueil dans la nouvelle foſſe, une corde avoit gliſſé; ce qui avoit donné une ſecouſſe au cadavre, & déterminé un écoulement de ſanie qui avoit répandu une odeur affreuſe, dont tous les aſſiſtants furent vivement affectés.

On avoit fait le même jour dans l'Egliſe Saint Saturnin, deux mariages; l'un, dans le moment où la tombe venoit d'être levée; l'autre, pendant qu'on creuſoit la foſſe. Ainſi en réuniſſant aux cent dix-ſept enfants inſtruits par le Curé, le nombre des aſſiſtants aux deux mariages & à l'enterrement, on peut compter que le jour de l'ouverture de cette funeſte foſſe, il y eut cent ſoixante & dix perſonnes expoſées à reſpirer & à avaler les miaſmes qui s'exhalerent dans l'Egliſe, & de ce nombre cent quarante-neuf ont été attaquées d'une fiévre nerveuſe putride maligne qui participoit de la qualité de la fiévre catharrale regnante, mais qui en différoit par l'intenſité des accidents & par la nature des éruptions; qui avoit enfin le caractere de la fiévre hongroiſe, de la fiévre d'hôpital, maladie qui eſt reconnue avoir pour cauſe l'infection animale putride.

Le Curé, le Vicaire, un des Chantres, les deux Foſſoyeurs, cent treize Communiants, trois des aſſiſtants au premier mariage, dix-ſept

ſept de ceux qui étoient préſents au ſecond ; deux des perſonnes qui entendirent la Meſſe qu'on dit lors de cette cérémonie, & neuf de celles qui aſſiſterent au convoi, ont eu cette maladie : ce qui prouve ſenſiblement que les émanations cadavéreuſes contribuerent à la répandre. Une autre preuve non moins ſenſible, c'eſt qu'au 6 Mai on ne comptoit parmi les malades, que quinze perſonnes qui ne ſe fuſſent pas trouvées à l'Egliſe le 20 Avril ; qu'il n'eſt mort aucun de ceux-ci, & que leur maladie ne différoit pas de celle qui regnoit avant l'infection de l'Egliſe.

Malgré la grandeur du mal & la durée du regne de la maladie, qui le 24 Juin n'avoit pas encore ceſſé, il n'étoit mort à cette date que vingt-cinq malades. De ce nombre ont été M. Bonnet Curé de la Paroiſſe (1), M. Soleau Vicaire, un Chantre, un Foſſoyeur,

(1) Ce Curé ſe plaignit d'un mal-être dès le ſoir du 20 Avril, & le 25, faiſant ſes adieux à ſes élèves, il leur dit : « Mes chers enfants, j'ai fait tout mon poſſible pour vous » inſtruire, je n'ai pas craint d'altérer ma ſanté ; je l'ai fait » en vue de Dieu dont j'attends ma récompenſe, & ma » ſituation actuelle me fait eſpérer que je la recevrai bien- » tôt : je vous demande, pour toute reconnoiſſance, de » prier pour moi, ſi Dieu m'appelle à lui. » Il ſe mit au lit le lendemain, & mourut treize jours après. C'eſt pour la ſatisfaction des ames ſenſibles que j'ai conſervé ce trait, qui rendra chere à jamais la mémoire de ce reſpectable Paſteur.

& un des enfants qui ont fait leur premiere Communion; le Curé est mort le 9 Mai; dans le courant de ce mois il y a eu quinze morts, & dix en Juin (1).

Dans le temps où, pour assanir les maisons bâties en face de l'Eglise S. Pierre, on transféra le cimetiere ailleurs, après avoir vuidé, en quelque sorte, celui qui existoit, il regna dans la Paroisse une fiévre maligne dont plusieurs personnes moururent. Est-il hors de vraisemblance que le remuement des terres de ce cimetiere, & les exhumations, aient contribué à faire naître cette fiévre ? Les exemples suivants donnent bien de la force à cette conjecture.

En travaillant l'année derniere à quelques embellissemens dans la Ville de Riom en Auvergne, on fouilla les terres du cimetiere. Le terrein fut à peine ouvert, qu'il se répandit une infection considérable, & peu de temps après il se déclara dans la Ville une maladie

(2) A la date du 3 Juillet la maladie continuoit; & comme l'Eglise St. Saturnin, sur-tout aux environs de la tombe qui recouvre la fosse, cause de l'infection, étoit remplie d'insectes ailés de l'espèce de ceux que produit la corruption des cadavres, le Bailliage a rendu une Ordonnance qui défend de faire aucun Office dans l'Eglise infectée, & aucune inhumation dans les autres Eglises de la même Ville, pendant le cours de l'Eté. A la fin de Juillet le nombre des morts étoit de trente.

épidémique dont il mourut un nombre prodigieux de personnes, sur-tout parmi le peuple & dans le quartier qui étoit plus voisin du cimetiere dont on avoit remué le terrein.

Cinq à six années auparavant, une petite Ville de la même Province, qu'on nomme Ambert, avoit été dévastée par une épidémie qu'on attribua aux fouilles faites dans le cimetiere, dont une partie fut transformée en grand chemin (1).

Après de pareils faits, que devient l'objection prise de la rareté des événements malheureux auxquels l'infection de l'air des Eglises peut donner lieu? Le danger des enterrements faits dans les Temples est donc une vérité contre laquelle il n'est pas permis de former le doute le plus léger; danger reconnu dès les temps les plus reculés, & que la force d'une habitude, formée insensiblement & fortifiée par des préjugés respectables à beaucoup d'égards, a pu seule déguiser à nos yeux.

---

(1) J'avois oui parler confusément des faits que je viens de citer; j'écrivis à ce sujet à Mr. Micolon de Blainval, Grand-Vicaire du Diocèse de Clermont, Secretaire perpétuel de l'Académie de cette Ville & Associé à la nôtre, & c'est de la réponse de cet Académicien que j'ai extrait ce que j'en ai dit. Il ajoutoit dans sa lettre qu'on ne gémissoit pas moins à Clermont que dans notre Patrie, sur un abus contre lequel réclament également l'humanité, la politique & la Religion.

XL. Les Romains, dans les premiers ſiécles de la République, prirent les précautions les plus ſages pour prévenir l'altération de l'air que les exhalaiſons animales putrides pourroient cauſer. On les vit éloigner de la Ville, ou releguer dans les endroits les plus écartés, tous les artiſans qui travailloient ſur les ſubſtances animales (1). Une Loi des douze Tables, pour ſouſtraire les vivants à l'action des vapeurs exhalées par les cadavres, défendoit d'enterrer & même de brûler dans la Ville aucun corps mort (2).

Cette Loi déjà fort en uſage chez les Athéniens, long-temps ſuivie avec la plus grande exactitude par les Romains, fut renouvellée par pluſieurs Empereurs, & même ſous des peines pécuniaires (3).

---

(1) Paul Zachias dans ſes queſtions médico-légales, liv. 5ᵉ. tit. 4, queſt. 7ᵉ.

(2) *Hominem mortuum in urbem ne ſepelito neve urito* : tels ſont les termes de la Loi.

(3) La Loi 12ᵉ. du Code *de relig. & ſumpt. funer.* porte : *Mortuorum reliquias ne ſanctum municipiorum jus polluatur, intrà civitatem Condi jam pridem vetitum eſt.* Godefroi dans ſon Commentaire ſur cette Loi, dit : *Corpus in civitatem inferri non licet, ne ſacra civitatis funeſtentur qui contrà fecerit extraordinem punitur.*

Ciceron, cité par Sulpice en parlant de Marcellus, dans ſa 4ᵉ. Épitre, rapporte la Loi des douze Tables, & ajoute : *Idem ſervatum apud Athenienſes.*

On lit dans Van-Spen, tom. 2, pag. 2, ſect. IV, tit. 7, chap. 2, 40, derniere édit. de Louvain, 1752 : *Adrianus,*

XLI. Si le desir de conserver les reliques des Saints a fait renoncer à brûler les morts ; si, dans nos mœurs, la destruction d'un cadavre par le feu est une marque d'infâmie ; & si nous nous sommes accoutumés à regarder comme un devoir de livrer les corps morts à une décomposition lente, opérée dans la terre par la putréfaction ; que le danger d'empester les vivants nous engage à ne plus enterrer dans les Eglises, & d'autant plus que cet usage, comme on l'éprouve dans presque toutes les Paroisses de cette Ville, oblige de faire de temps à autre des exhumations & des translations au moins indécentes & indiscrettes (1). On ajoute que le respect dû aux temples exige la proscription de cet usage, & que l'esprit de l'Eglise, qui a maintenu pendant plusieurs siécles les loix qui défendoient

---

Imperator Edicto pœnam quadraginta aureorum statuit in eos qui in civitate sepeliunt ; renovatum est rursùs hoc jus per constitutionem Diocletiani & Maximiani in lege 42 Codicis de religione & sumpt. funerum.

Théodose le jeune renouvella cette Loi en 381, & ordonna de porter les cadavres hors des Villes, & de les enterrer près des chemins, *ut*, disoit-il, *& humanitatis instar exhibeant & relinquant incolarum domicilio sanctitatem.* Van-Spen, tom. 2 de l'édition citée, pag. 2, sect. IV, tit. 7, chap. 2, n. 2, pag. 147, col. 1re.

Ce même Auteur ajoute : *Cæterùm Imperatores Christiani sanctitatem civitatum violari credebant per corpora mortuorum, quod nimio suo fœtore civitates infecerunt.*

(1) V. note 1re. pag. 26.

cette profanation, ne peut avoir changé, & ne la tolére qu'à regret.

XLII. L'on a pendant long-temps enterré les Chrétiens en plein air, hors des Villes, dans des lieux consacrés aux sépultures, & désignés sous le nom de cimetiere, & dans lesquels il n'étoit pas même permis d'élever des Oratoires. On ne se relâcha sur ce point qu'en faveur des Martyrs, dont les reliques furent déposées dans des Chapelles que l'on construisit à cet effet au milieu des cimetieres; & l'on regardoit ce point de discipline comme tellement important, que dans toutes les permissions données par Saint Grégoire pour bâtir des Eglises, ce Saint Pere mettoit toujours, pourvû que dans l'emplacement il ne se trouve point de sépultures (1).

Plusieurs Conciles défendirent expressément d'enterrer dans les Eglises, & permirent seulement, encore comme une grace particuliere, de faire les inhumations près des murs (2). Constantin le Grand, qui s'étoit

(1) *Si nullum corpus ibì constat humatum.* Menagiana, tom. 2, édit. de Paris, pag. 208.

(2) Le canon 18 du Concile de Brague, tenu en 563, porte : *Item placuit ut corpora defunctorum nullomodò intrà Basilicam Sanctorum sepeliantur, sed, si necesse est, de foris circà murum Basilicæ usquè adeò non abhorret.* Collect. des Conciles du P. Labbé, tom. 5, pag. 842, du P. Hardouin, tom. 2, pag. 352.

acquis tant de droits à la reconnoiſſance des Chrétiens, fut inhumé ſeulement ſous le portail de l'Egliſe des Apôtres qu'il avoit fondée (1).

Théodoſe, Arcadius & Théodoſe le jeune furent enterrés *in Templi porticu.* Pluſieurs Papes, tels que Benoît III & Nicolas Ier. le furent devant la porte du Vatican ; Pepin, aïeul de Louis le Débonnaire, devant celle de l'Egliſe de St. Denis.

XLIII. Il ſeroit difficile de fixer l'époque où s'eſt introduit l'uſage d'enterrer dans les Egliſes; & il eſt à préſumer qu'elle eſt poſtérieure à 309, puiſqu'il n'a pu s'établir qu'après celui de former des cimetieres dans les Villes, & que c'eſt ſeulement en cette année-là que le Pape Marcel obtint du Sénat la permiſſion d'en faire un dans l'enceinte de Rome.

Mais puiſque Clovis fut enterré en 518 dans l'Egliſe de St. Pierre & St. Paul à Paris, aujourd'hui Ste. Geneviève, & Dagobert à St. Denis en 638 (2), il eſt certain que l'on enterroit dans les Egliſes long-temps avant Charlemagne. La défenſe que, dans un de

(1) V. la lettre de Saint Chryſoſtôme aux Corinthiens, t. 26 de l'édition *in*-12. Le Traité de l'abus par M. Fevret, édition *in*-fol. page 180.

(2) Abrégé de M. le Préſident Hénault, tom. 1, p. 32.

ſes Capitulaires, ce Monarque fait d'enterrer déſormais les morts dans les Egliſes (1), & les Canons des Conciles d'Arles tenu en 813, & de Nantes en 850, qui contiennent la même défenſe (2), ſont encore une preuve de l'ancienneté de cet uſage. Il eſt à préſumer cependant qu'il n'étoit pas généralement répandu, & que la Loi de Charlemagne, au ſujet des enterrements, fut reſpectée longtemps encore après le regne de ce Monarque. Le mauſolée de Renaud, premier Comte de Bourgogne, mort en 1057, que l'on voit dans le parvis de l'Egliſe Saint Etienne à Beſançon (3), & celui d'Eudes, premier Duc de Bourgogne, de la premiere race, mort en 1102, qui eſt ſous le portail de l'Egliſe de

(1) *Ut nullus deinceps in Eccleſiâ mortuum ſepeliat* : lib. 1er. des Capit. des Rois de France, chap. 153.

(2) *Ut de ſepeliendis in Baſilicis mortuis conſtitutio illa ſervetur, quæ antiquis patribus conſtituta eſt* : can. 21 du Concile d'Arles. Collect. du P. Labbé, tom. 7, pag. 1238; du P. Hardouin, tom. 4, pag. 1006. On lit dans le 6e. canon de celui de Nantes, dont la date eſt incertaine, mais que les PP. Labbé & Hardouin placent en 895 : *Prohibendum eſt etiam ſecundùm majorum inſtituta, ut in Eccleſiâ nullatenùs, ſepeliantur, ſed in atrio, aut in porticu, aut in exedris Eccleſiæ, intrà Eccleſiam verò & propè altare ubi Corpus & Sanguis Domini conficiuntur, nullatenùs ſepeliantur.* Labbé, tom. 9, pag. 470; Hardouin, tom. 6, part. 1re. pag. 458.

(3) Art de vérifier les dates par les Religieux Bénédictins de la Congrégation de St. Maur, dern. édit. pag. 667, col. 2e.

l'Abbaye de Citeaux (1) dont il étoit le Fondateur, prouvent que cette Loi étoit encore en vigueur dans le onziéme siécle & dans le commencement du 12e.

XLIV. C'est donc dans les cimetieres seuls qu'il est permis d'enterrer les morts. Mais ces cimetieres peuvent-ils être placés dans l'enceinte des Villes? Non sans doute, si par cette position ils exposent les citoyens à un danger à peu près égal à celui qui accompagne l'usage des inhumations faites dans les Eglises, l'infection de l'air par des émanations animales putrides, voilà ce qui rend cet usage dangereux : en plaçant les cimetieres dans l'enceinte des Villes, on donne lieu à cette même infection.

XLV. Ils sont des dépôts où les corps humains, rendus à la terre, se décomposent par la putréfaction : le feu central y fait conséquemment exhaler de leur surface des molécules animales putrides (I. X. 1°. & 8°.),

(1) Paradin dans ses Annales de Bourgogne, pag. 102, fait à cette occasion la réflexion suivante : « En quoi l'on » peut voir que ces bons Princes n'étoient point si ambitieux » qu'on l'est aujourd'hui en matiere de sépultures, car ils se » contentoient bien d'être aux portes des Eglises & encore » au dehors, & les modernes ne sont pas encore contents » s'ils ne sont mis jusques sous les grands Autels .... lesquels tâchent de s'immortaliser par piliers & sépulchres de » marbre, plus que par doctrine & sainteté de vie. »

& l'air qui les reçoit, s'infecte nécessairement. Mais, comme les vapeurs formées par les écoulements cadavéreux ne peuvent altérer l'air au point d'occasioner des événements funestes (XVII. XIX. à XXIX.), qu'autant qu'elles sont très-abondantes & fort denses (XV & XVI), il faut, pour que les cimetieres ne soient point dangereux, que les vapeurs formées par les exhalaisons des cadavres, ne soient ni denses, ni abondantes. Les vapeurs se trouvent-elles réduites à cet état desirable dans les cimetieres placés au milieu des Villes? Les réflexions suivantes vont résoudre ce problême.

XLVI. La terre est perméable aux écoulements qui se font des corps qu'elle renferme, & ces écoulements étant nécessairement proportionnés au nombre des points d'où ils partent, il en résulte qu'ils sont d'autant plus considérables dans un lieu donné, qu'il y a plus de points exhalants, & que les vapeurs formées par ces écoulements, sont d'autant plus considérables dans les cimetieres, qu'on y a enterré un plus grand nombre de corps, & d'autant moins que ce nombre est plus petit.

XLVII. Mais quoique la terre soit perméable, il est de fait qu'elle gêne un peu les écoulements par l'obstacle que leur opposent ses parties constituantes ; qu'en les gênant, elle retarde l'émanation des molécules cadavéreuses, de maniere que celles-ci s'exhalent en détail, & conséquemment sortent en plus petite quantité dans un temps donné.

Cette action de la terre considérée comme agissant par sa masse, est nécessairement proportionnée à l'épaisseur des couches que les écoulements doivent traverser; d'où il suit que ceux-ci sont d'autant moins considérables, que les cadavres sont plus profondément enterrés.

XLVIII. L'enfouissement des corps morts, fait plus ou moins profondément, influe encore sur la densité des vapeurs. Dès que les molécules terreuses sont capables de faire obstacle à l'écoulement des corpuscules putrides qui s'échappent des cadavres (XLVI.), il est certain qu'elles agissent avec plus d'avantage sur les corpuscules les plus grossiers que sur les autres; qu'ainsi l'effet d'une couche terreuse fort épaisse, est de subtiliser les vapeurs, en s'opposant à l'émanation des corpuscules grossiers, & de diminuer leur densité; de sorte qu'elles sont d'autant moins denses, que les corps qui les fournissent, sont plus profondément enterrés, & d'autant plus denses que ces corps sont recouverts de moins de terre.

XLIX. Il est encore une cause capable

d'augmenter la denſité de ces vapeurs, c'eſt la réunion des écoulements ſortant de différents cadavres, il eſt évident que ces vapeurs acquerront une denſité proportionnelle au nombre des rayons d'écoulement réunis en un même point.

L. Tout corps livré à la putréfaction doit être regardé comme un foyer d'où s'élancent en tout ſens des corpuſcules fétides, dont la direction forme des rayons plus ou moins étendus, plus ou moins inclinés à l'horizon.

Ces rayons, à l'air libre, & quand la mobilité de ce fluide ne les briſe point & ne change point leur direction, ſe rendent ſenſibles à un plus ou moins grand éloignement, ſuivant la force des écoulements qui en conſtituent l'eſſence; & quoiqu'on ne puiſſe pas déterminer avec préciſion leur étendue, il ſemble que l'expérience autoriſe à leur donner, en un temps calme, au moins celle de vingt-cinq à trente pieds.

LI. La terre, par la réſiſtance qu'elle oppoſe à ces écoulements (XLV.), produit ſur leurs rayons deux effets qu'il eſt intéreſſant de remarquer : elle les raccourcit néceſſairement, & modifie leur direction.

Il n'eſt pas poſſible de ſoumettre au calcul ce raccourciſſement ni ce changement de direction, mais l'on peut donner pour aſſuré qu'il eſt proportionné à l'épaiſſeur de la couche terreuſe; & , comme dans une occaſion où l'expérience ne peut pas guider, il eſt permis de faire des ſuppoſitions, pourvû qu'on ne s'écarte point de la vraiſembance, je ſuppoſerai qu'une couche terreuſe, d'un pied d'épaiſſeur, raccourcit les rayons de deux pieds, & même de trois ſi l'on veut; c'eſt probablement exagérer ſon effet, puiſque l'on voit des ſources ſe manifeſter par des exhalaiſons ſenſibles, quoiqu'elles ſoient à plus de vingt & trente pieds au deſſous de la ſurface du terrein, & que les écoulements étant fluides & les pores de la terre pouvant être aſſimilés à des tubes capillaires, il eſt à préſumer que l'effet de l'obſtacle oppoſé aux émanations par les molécules terreuſes, n'eſt pas, à beaucoup près, auſſi conſidérable que je le ſuppoſe.

J'admettrai cependant cet effet comme conſtant, pour ne pas donner lieu à la plus légére objection; & partant de cette ſuppoſition, je trouve qu'un corps mort, enfoui à ſept pieds de profondeur, ne doit porter ſes exhalaiſons qu'à cinq ou ſix pieds au deſſus de la ſurface de la terre; mais que quatre pieds de terre laiſſent aſſez de force aux émanations pour s'elever à douze ou quinze pieds, & même beaucoup plus haut.

LII. Un autre effet néceſſaire de l'action des couches terreuſes, eſt la réfraction des rayons d'écoulements. Celle-ci doit être proportionnelle à l'épaiſſeur de ces couches, & l'on eſt en droit de ſuppoſer que les rayons partis d'un corps enterré à ſept pieds de profondeur, ſeront tous réfractés, & tellement rapprochés de la perpendiculaire, qu'ils deviendront preſque tous paralleles entre eux, & que les émanations d'un cadavre enfoui à cette profondeur, s'éleveront, à peu de choſe près, perpendiculairement à l'horizon. Mais on eſt auſſi autoriſé à prétendre que la terre étant perméable en tout ſens, ces rayons divergeront d'autant plus & ſeront d'autant plus inclinés à l'horizon, que la couche de terre qui recouvrira les cadavres ſera moins épaiſſe; qu'ainſi lorſque ces rayons ne traverſeront qu'une couche de quatre pieds d'épaiſſeur, ils ſe porteront obliquement de façon à ſe réunir à ceux qui partiront des foſſes voiſines, ſi celles-ci ne ſont pas aſſez éloignées pour que leurs rayons mutuels ne puiſſent pas ſe rencontrer : mais cette réunion ne pourra avoir lieu ſans augmenter la denſité des vapeurs, & cette denſité ſera toujours en raiſon directe de la diſtance des foſſes qui renfermeront les cadavres.

LIII. Si l'on pouvoit calculer, & la réſiſtance des couches terreuſes, & la force des écoulements putrides, on pourroit détermi-ner avec préciſion la divergence des rayons formés, dans cette circonſtance, par ces écou-lements. Ceux-ci ſont ſi ſubtiles, qu'on peut préſumer que ces rayons s'étendent à plus de ſept à huit pieds ſous des angles plus ou moins aigus. Bornons-en l'étendue à trois ou quatre, réduiſons même à deux la ligne ho-rizontale à l'extrêmité de laquelle tomberoit la perpendiculaire tirée du ſommet du raïon, il en réſultera que ſi des foſſes, dont la pro-fondeur ſeroit de quatre à cinq pieds, n'étoient qu'à deux pieds de diſtance l'une de l'autre, les écoulements des cadavres voiſins ſe con-fondroient; qu'ainſi, pour éviter la denſité qui en ſeroit l'effet, il faudra mettre au moins entre chaque foſſe quatre pieds d'intervalle ſur les grands côtés; & qu'eu égard au peu d'écoulement que doivent donner la tête & les pieds, on pourra réduire cet intervalle à deux pieds à chaque extrêmité de la foſſe.

Cette diſtance devra varier à raiſon de la profondeur des foſſes; & comme la diver-gence des rayons ſeroit peu conſidérable ſi les foſſes avoient ſix à ſept pieds de profon-deur, on pourroit alors ne mettre entre cha-que foſſe que deux pieds ſur les grands cô-tés, & un à la tête & aux pieds.

L I V. Mais en vain s'éleveroit-il peu de corpuſcules cadavéreux de la ſurface des cimetieres (XLIV.); en vain les cadavres ſeroient-ils profondément enterrés (XLV.) ; & les rayons de leurs écoulements affectant la perpendiculaire (LI.), ne ſe réuniroient-ils point; la denſité des vapeurs ſeroit encore inévitable, ſi les émanations n'étoient point abſorbées & diſſoutes à proportion qu'elles ſe font.

Or, cette abſorption & cette diſſolution ne peuvent avoir lieu qu'autant que l'air qui couvre la ſurface des cimetieres, eſt ſouvent renouvellé & très-peu humide (VI. VIII. 1°. IX.).

L V. Dès que la ſalubrité des cimetieres dépend du peu d'abondance & du peu de denſité des vapeurs animales que les exhalaiſons cadavéreuſes y forment (XLV.), & que cette abondance & cette denſité ſont en raiſon du petit nombre de cadavres qui y ſont dépoſés (XLVI.), de la profondeur de leur enfouiſſement (XLVIII.), de l'attention à eſpacer les foſſes proportionnellement à leur profondeur (LIII.), & de la facilité que l'air trouve à abſorber ces vapeurs (LIV); il faut donc que les foſſes aient au moins cinq à ſix pieds de profondeur, afin que les morts ſoient recouverts de quatre à cinq pieds de terre; que

que les cimetieres aient une étendue proportionnée au nombre des cadavres qu'on y enterre, & que l'air y circule avec facilité, & y jouiſſe de toutes les qualités propres à le rendre très-abſorbant.

LVI. Deux conſidérations doivent déterminer l'étendue des cimetieres, & l'on doit ſe décider par la durée de la deſtruction complete de chaque cadavre, & par la quantité de terrein néceſſaire à la ſépulture de chacun d'eux.

LVII. Le danger qu'il y auroit à donner bruſquement iſſue à des miaſmes cadavéreux depuis long-temps ſouſtraits à l'action de l'air, & à favoriſer leur émanation en maſſe, eſt prouvé par des faits déciſifs (XXV. XXVI. XXX.) ; & lorſqu'il faut fixer l'étendue que doivent avoir les cimetieres, c'eſt ſur la réalité de ce danger qu'eſt fondée la néceſſité d'avoir égard au temps qui s'écoule avant que la putréfaction ait complétement détruit les cadavres (1).

La connoiſſance de la durée de cette opération peut ſeule en effet éclairer ſur le terme auquel on peut ouvrir d'anciennes foſſes ; & quoiqu'on n'ait rien de bien concluant ſur

(1) Je n'entends point, ſous cette expreſſion, la deſtruction des os, qui exige ſenſiblement un temps beaucoup plus long.

cet objet, on peut cependant donner pour constant, que la destruction des cadavres est au moins trois ans à s'opérer complétement. L'expérience pourroit faire cesser toutes les incertitudes sur ce point de fait. Mais il faudroit un si long-temps pour obtenir par son moyen quelque chose de décisif, qu'il n'est pas possible d'y avoir recours en cette occasion. A son défaut j'invoquerai le témoignage des Fossoyeurs ; je l'appuierai des assertions d'un des plus célèbres Anatomistes de nos jours, & d'un Physicien dont les connoissances & la sagacité inspirent la plus grande confiance, enfin du résultat des expériences faites par différents Auteurs sur des substances animales livrées à la putridité.

LVIII. Les Fossoyeurs que j'ai interrogés, sans être absolument uniformes dans leurs réponses, disent que cette destruction exige plus de deux ans. Je sais que ces gens ont pu se tromper sur l'époque de l'enterrement des cadavres qu'ils ont mis à découvert en creusant de nouvelles fosses, avant que leur destruction ne fût complete, & qu'il y a peu de fond à faire sur leurs remarques ; mais leur assertion forme du moins une conjecture, & cette conjecture acquiert beaucoup de force par le rapport qu'elle se trouve avoir avec les observations de M. Petit, Docteur-Régent de la Faculté de Médecine de Paris, que ses connoissances ont fait surnommer l'Anatomiste, & avec celles du R. P. Cotte, Prêtre de l'Oratoire, faisant les fonctions curiales à Montmorency.

M. Petit passa par cette Ville au mois de Décembre dernier, j'eus l'avantage de converser avec lui. Je lui parlai de l'embarras où j'étois pour fixer le terme auquel la destruction des cadavres étoit complete; il me dit qu'ayant souvent été obligé d'enterrer dans son jardin les chairs des cadavres qui avoient servi à ses démonstrations, il s'étoit convaincu qu'il falloit plus de deux ans, même trois à quatre, pour en compléter la destruction.

C'est aussi ce que le R. P. Cotte a observé. Il me marquoit dans une lettre qu'il m'écrivoit en Avril dernier, que chargé depuis sept ans du gouvernement de la paroisse de Montmorency, il avoit toujours vu que lorsqu'on ouvroit les anciennes fosses, au bout de deux ans, les cadavres n'étoient pas entiérement consumés; qu'ils ne le sont pas même quelquefois au bout de trois ans, & qu'il faudroit, à son avis, laisser écouler au moins quatre années avant d'ouvrir les mêmes fosses.

Les expériences faites par M[de]. . . . . . Traducteur des Essais de Shaw, par MM.

Macbride & Godar, prouvent que la destruction des corps par la putréfaction est d'autant plus lente, que ceux qui y sont exposés sont plus pressés (1), & que l'endroit où ils sont renfermés est moins chaud (2); & telles sont les circonstances où se trouvent les cadavres dans la terre. La pression qu'ils éprouvent de la part du terrein qui les recouvre, est forte, & leur fosse est plus froide que chaude.

LIX. On peut donc regarder comme certain que les cadavres enterrés pourrissent lentement, que leur putridité complete n'a lieu tout au plus qu'au bout de trois ans, & qu'à raison de l'effet de la pression, elle exige d'autant plus de temps, que le corps est plus profondément enfoui.

Mais il est des corps qui ont plus de disposition que d'autres à la décomposition putride; il est des terreins qui hâtent davantage par leur humidité cette destruction des corps

---

(1) M. Godar dans sa Dissertation sur les anti-septiques, qui eut l'Accessit du prix de l'Académie en 1767, rapporte dans l'introduction, sous le n°. V, des expériences qui démontrent que la pression retarde la putréfaction; on en trouve des preuves non moins concluantes, dans la Dissertation de M. de Boissieu, qui fut couronnée la même année.

(2) V. les Dissertations citées dans la note précédente, & l'expérience faite par Md^e^.... sous le nom du Traducteur des Essais de Shaw.

animaux; il ſaut prendre en conſéquence un terme moyen, & ſans craindre de trop reculer ce terme, le fixer à la révolution de trois ans, lorſqu'on ne donne aux foſſes que quatre à cinq pieds de profondeur, & à quatre ans, lorſqu'on leur en donne ſix à ſept. La conſéquence à en déduire, eſt qu'un cimetiere doit être, dans le 1er. cas, trois fois plus étendu que l'eſpace néceſſaire, pour y dépoſer les morts qui doivent y être enterrés dans le cours d'une année, & quatre fois dans le ſecond (1).

LX. C'eſt donc par la connoiſſance de l'eſpace néceſſaire pour l'inhumation d'un nombre donné de cadavres, qu'on peut parvenir à déterminer l'étendue que doit avoir un cimetiere; mais cet eſpace eſt relatif à la profondeur des foſſes (LIII.); ſi elles ont ſix

---

(1) Le fait cité, art. XXV, prouve que l'on pourroit ſe tromper en ſe bornant à cet eſpace, puiſque trente-huit années n'ont pas ſuffi pour opérer la deſtruction complete de la ſubſtance animale, & qu'après un laps de temps auſſi conſidérable, l'ouverture de la terre a donné lieu à des émanations funeſtes. Je ſens qu'on eſt dans le cas de faire obſerver que tout dépendoit ici du nombre conſidérable de cadavres entaſſés les uns ſur les autres; mais malgré cette remarque, on doit conclure de cet événement qu'il eſt de la prudence de donner aux cimetieres la plus grande étendue poſſible; ſur-tout ſi, pour ſatisfaire la vanité, on y fait des conceſſions de ſépultures particulieres.

à ſept pieds de profondeur, on pourra les rapprocher de façon à ne laiſſer entre elles que très-peu d'intervalle ; & en le fixant à deux pieds, il s'enſuivra que la foſſe d'un adulte, ayant ſix pieds de long ſur deux & demi de large, occupera, en comptant le pied à ajouter tout au tour, un eſpace de trente-un pieds & demi quarrés ; mais ſi, ſuivant l'uſage le plus commun, les foſſes n'étoient profondes que de quatre à cinq pieds, l'eſpace néceſſaire pour un adulte égaleroit une ſurface de cinquante-deux pieds quarrés ; cette ſurface ſera augmentée en raiſon inverſe de l'épaiſſeur de la couche terreuſe qui recouvrira les cadavres (1).

L X I. Ainſi lorſque l'année commune des morts donnera le nombre cent, il faudra que le cimetiere ait dans le premier cas douze mille ſix cent quatre pieds quarrés de ſurface ;

---

(1) La longueur de la foſſe, dans la premiere ſuppoſition, étant de - - - - - - 7 pieds.

La largeur de - -	$4 \frac{1}{2}$
La multiplication donne - -	$31 \frac{1}{2}$
Dans la ſeconde, la longueur étant de -	8 pieds.
La largeur de - - -	$6 \frac{1}{2}$
La multiplication donne - -	52

dans le ſecond, quinze mille ſix cents (1). Un calcul fort ſimple donneroit la ſurface d'un cimetiere, dans les circonſtances où les cadavres ne ſeroient recouverts que de deux ou trois pieds de terre.

L X I I. Cette étendue cependant ne pourroit prévenir les inconvénients auxquels la denſité des vapeurs pourroit donner lieu, qu'autant que l'air les y abſorberoit avec facilité (XI. VI.); & pour qu'un cimetiere ne ſoit pas dangereux, il faut non-ſeulement que ſon étendue ſoit proportionnée au nombre des cadavres qu'on y enterre, mais encore que l'air y circule avec la plus grande aiſance, & ſur-tout qu'il y ſoit le plus pur qu'il eſt poſſible (VI. VIII. I. IX.) ; qu'ainſi tous les vents y abordent librement, & principalement ceux du Nord & de l'Eſt.

Un uſage aſſez uniforme paroît autoriſer les plantations d'arbres faites dans les cimetieres, mais il eſt abuſif & dangereux. Les arbres diminuent l'eſpace deſtiné aux ſépultures ; cela ſeul ſuffiroit pour engager à faire

---

(1) Multipliant - - - 100
par 31 $\frac{1}{2}$
On a la ſomme de 3151 p.
Qui quadruplée 4
Donne 12604 p.

Multipliant 100
par 52
On a 5200
qui multipliés par 3
Donne 15600 pieds.

cesser cet usage; il est cependant encore un autre motif qui doit y déterminer. Si le mouvement des branches peut agiter l'air qui couvre les cimetieres, les arbres en rompant les courants d'air, s'opposent à l'action des vents sur les vapeurs, & ces vapeurs arrêtées par les feuillages, sont forcées de retomber sur la terre, & y entretiennent une humidité pernicieuse. Qu'aucun édifice, aucun arbre n'interrompent donc les courants d'air, & ne s'opposent à la dispersion des vapeurs qu'ils doivent entraîner (1).

LXIII. A ces conditions, on peut sans crainte y donner la sépulture aux morts. Les avantages de la situation favorisent l'absorption & la dispersion des vapeurs, & peuvent même compenser ceux que l'on attend de l'étendue des cimetieres : on pourroit alors, sans inquiétude, y déposer un plus grand

(1) Dans une Sentence du Bailliage de Troyes, rendue en 1766, pour obliger à construire des cimetieres hors de la Ville, il est défendu de planter dans ces cimetieres des arbres ou des arbrisseaux. V. les Ephem. Troyennes de M. Grosley, an. 1768, pag. 107.

On m'opposera peut-être, avec le Docteur Priestly, que les végétaux en aspirant les émanations putrides, purifient l'air (V. observ. physiques de Mr. l'Abbé Rozier, Avril 1773, 1er. vol. pag. 320); qu'ainsi les arbres seroient utiles dans les cimetieres à raison de cet effet des végétaux. Mais cette propriété n'est encore que soupçonnée; & il est démontré qu'en faisant obstacle aux courants d'air, & en les brisant, les arbres empêchent la dispersion des vapeurs.

nombre de corps morts que cette étendue ne devroit le permettre. Une ſituation moins favorable exigeroit au contraire qu'on y en enterrât beaucoup moins.

LXIV. Il eſt impoſſible de donner dans l'enceinte des Villes, une étendue aſſez conſidérable aux cimetieres, & proportionnée au nombre des morts qu'il faudroit y enterrer annuellement ; il eſt très-difficile que leur ſituation puiſſe être favorable à l'abſorption des vapeurs qui s'en exhalent ; la hauteur des maiſons, celle des Egliſes, la direction des rues, ſont autant d'obſtacles au libre abord des différents vents : auſſi regne-t-il dans la plupart des cimetieres des Villes, une humidité conſtante : auſſi ſe répand-il ſouvent dans leur voiſinage, des exhalaiſons qui pénétrent les maiſons, frappent diſgracieuſement l'odorat des perſonnes qui les habitent, & y altérent les aliments.

LXV. Ces inconvénients de la diſpoſition des cimetieres dans l'enceinte des Villes, ont excité de tout temps des plaintes très-vives. Ce ſont des plaintes de cette eſpèce qui engagerent M. le Procureur Général du Parlement de Paris, à requérir l'Arrêt rendu le 21 Mai 1765. Il n'eſt aucune Ville où de ſemblables plaintes ne ſe ſoient fait entendre, & dans celle-ci les cimetieres des Paroiſſes Notre-

Dame, St. Michel, St. Medard, St. Jean, St. Nicolas & St. Pierre, ont mis ſouvent ceux qui les avoiſinent, dans le cas d'en faire de pareilles.

LXVI. On ne peut donc placer les cimetieres dans les Villes, ſans expoſer les Citoyens au danger qui accompagne la néceſſité de reſpirer un air chargé de vapeurs animales putrides. On a vu que ce danger devoit engager à proſcrire l'uſage d'enterrer dans les Egliſes. Il faut donc non-ſeulement renoncer à cet uſage, mais encore établir les cimetieres hors de l'enceinte des Villes (1); les placer en

(1) M. le Procureur Général du Parlement de Paris, dans ſon requiſitoire, faiſoit obſerver que, dans leur origine, les cimetieres, qui excitoient les plaintes, étoient hors de l'enceinte de Paris; qu'ils ne s'y étoient trouvés renfermés que par les accroiſſements ſucceſſifs de cette Ville immenſe. Peut-être doit-on faire la même remarque au ſujet de ceux que l'on voit dans les autres Villes; mais elle eſt très-convenable à l'égard de celle-ci.

Pendant pluſieurs ſiécles il n'y eut qu'un ſeul cimetiere à Dijon, celui de l'Abbaye S. Benigne; il occupoit ce qui forme à préſent la place Saint Jean, & tout l'emplacement des maiſons & des hôtels bâtis dans les environs des Egliſes St. Jean, St. Philibert & St. Benigne. Des diſputes élevées entre Mrs. les Religieux de l'Abbaye St. Etienne, & Mrs. les Bénédictins, furent l'époque à laquelle on établit différents autres cimetieres. Il eſt évident qu'avant ce temps on n'enterroit pas les morts dans la Ville, puiſque l'Abbaye St. Benigne étoit hors des murs; & comme toutes les Paroiſſes, à l'exception de St. Médard, étoient également hors des murs, il eſt certain que les cimetieres étoient plus aérés & plus ſpacieux qu'ils ne le ſont à préſent; on les a ſucceſſivement reſſerrés par des bâtiments; & la plupart des places qui dé-

plein air dans des endroits qui ne ſoient pas trop humides, qui ſoient ouverts à tous les vents, & ſur tout à ceux du Nord & de l'Eſt. Il faut, autant qu'il ſera poſſible, les ſituer au Nord & à l'Eſt, afin qu'en aucun temps les vapeurs infectes n'y puiſſent être portées avec la denſité que l'humidité leur donne.

LXVII. L'intétêt le plus preſſant nous invite à la réforme de l'uſage dont je viens de faire ſentir l'abus. Déja pluſieurs Villes de France ont pris le parti d'établir les cimetieres hors de leurs murs; Laon & Dôle ont donné cet exemple. L'Arrêt rendu par le Parlement de Paris, a probablement fait interdire ceux qui infectoient cette fameuſe Ville. Il n'eſt pas croïable que les préjugés ſe ſoient oppoſés avec ſuccès à ſon exécution. Les gens en place n'ignorent pas qu'il faut toujours fermer l'oreille aux clameurs de l'intérêt perſonnel & de l'orgueil, & qu'il faut faire ſouvent du bien aux hommes malgré les hommes eux-mêmes. La ſalubrité de nos Villes & de nos Temples, exige qu'on n'y faſſe aucune inhumation. Quelle raiſon pourroit-on apporter

---

corent notre Ville, ſervoient autrefois à donner la ſépulture aux Fideles.

Les mêmes conſidérations déterminerent en 1766 le Bailliage de Troyes à défendre d'enterrer dans la Ville. Voy. l'Ouvrage cité note 1re. pag. 56.

pour engager à perpétuer un ufage reconnu pour dangereux? Les propriétaires des fépultures diront-ils qu'on viole leur propriété? mais fi les conceffions qu'on leur a faites font nuifibles au public, de quel front s'efforceront-ils de faire valoir un droit abufif, contre lequel s'éleve leur intérêt propre, & qui répugne à l'humilité chrétienne?

C'eft feulement en faveur des Martyrs que l'Eglife a admis des exceptions aux régles établies à ce fujet par les Canons. Sous quel prétexte pourroit-on fe croire dans le cas de ces exceptions (1)? Ne craignons donc point que

---

(1) Si le Concile tenu à Rouen en 1581, dit : *Non ideò promifcuè, ut nunc fit, mortui fepeliantur in Ecclefiis .... fed hoc fervetur Deo facratis hominibus .... aliis infuper qui nobilitate, vel virtutibus, vel meritis ergà Deum & Rempublicam fulgent : cæteri piè & religiofè in cœmeteriis ad hoc dedicatis fepulturæ tradantur;* il eft permis d'obferver que ce Concile n'étoit qu'un Concile national, & que fes décifions, quoique très-refpectables, ont donné lieu à l'abus contre lequel on s'éleve aujourd'hui. Car enfin, permettre d'enterrer dans les Eglifes, les Eccléfiaftiques, les perfonnes d'une noble origine, celles que leurs vertus ou les fervices rendus à la Société ont diftinguées, n'eft-ce pas intéreffer l'orgueil à infecter les Temples? Quelle eft la famille qui ne prétendra pas à une diftinction accordée à des qualités dont il eft facile de préfumer la réalité, & qu'il eft difficile de refufer à qui que ce foit; à une diftinction qui, devenant un titre d'honneur pour les uns, eft en même temps aviliffante pour les autres?

En vain croiroit-on avec M. Armand Bazin de Bezon, Archevêque de Rouen, pouvoir prévenir l'abus qui en réfulteroit néceffairement, en n'admettant dans les Eglifes que

personne ose s'opposer à une réforme importante, sous le foible prétexte du respect dû à

---

les corps des Ministres de l'Autel, & de ceux d'entre les laïques qui sont autorisés à y être inhumés par leurs titres, ou par la qualité de bienfaiteurs de l'Eglise.

Je ne ferai aucune réflexion sur l'exception établie en faveur des Ecclésiastiques, je présume trop bien d'eux pour ne pas être persuadé que leur humilité & leur respect pour les Temples, les décideront à refuser une faveur que leur modestie & leur religion leur feront regarder au moins comme excessive.

Je ne m'arrêterai pas non plus à combattre les titres auxquels on pourroit prétendre à empester les Eglises, mais je ne peux m'empêcher d'entrer dans quelques discussions sur ce qui concerne la qualité de bienfaiteur, qui, selon Mgr. de Rouen, donne des droits à être inhumé dans les Eglises.

Pour être bienfaiteur de l'Eglise, dit ce vertueux Prélat, dans le second article du réglement établi par son Mandement inséré dans le 12e. volume des Mémoires du Clergé, colonne 290; " pour être bienfaiteur de l'Eglise, & y être ,, inhumé en cette qualité, dans les Villes on donnera à la ,, Fabrique ou Trésor, au moins 50 liv. pour chaque corps ,, qui sera enterré dans le chœur, & 30 liv pour ceux qui ,, seront inhumés dans la nef ou dans un autre endroit de ,, l'Eglise : dans les Paroisses de campagne on donnera au ,, moins 20 liv. pour être enterré dans l'Eglise.

Il faudroit bien peu connoître les hommes pour imaginer qu'un titre aussi facile à acquérir, ne deviendroit pas commun à presque tous les Fideles. Ce réglement, quoiqu'homologué par une Cour Souveraine dont les décisions sont respectables, ne feroit donc que donner naissance à un nouvel abus, sans faire cesser celui qu'on est dans l'intention de détruire. Dès qu'on voudra réussir, loin d'avilir en quelque sorte ceux qui seront relégués dans des cimetieres, il faudra s'efforcer d'en faire un titre d'honneur : il faudra que les cimetieres soient si vastes, que chacun puisse à son gré faire élever sur son tombeau des monuments qui attestent ses vertus; & si les cimetieres étoient situés à peu de distance des che-

la propriété. Celui que tout Chrétien doit au Temple, eſt d'un ordre trop ſupérieur pour qu'on puiſſe le mettre un moment en parallele avec aucun autre ; & tous les Eccléſiaſtiques éclairés gémiſſent depuis long-temps ſur l'irrévérence que l'on commet en donnant la ſépulture dans un lieu conſacré à la célébration des plus auguſtes ſacrifices ; ils voient, avec joie, que le danger inſéparable des inhumations faites dans les Egliſes, rendu ſenſible par l'événement arrivé à la Cathé-

---

mins publics, le nom des morts paſſeroit plus ſûrement à la poſtérité.

On a réſervé tout le pourtour du cimetiere de Dôle pour des tombeaux particuliers, & c'eſt dans le centre que le peuple eſt inhumé ; y auroit-il de l'inconvénient à ſuivre cet exemple ? ne ſeroit-ce pas au contraire concilier tous les intérêts ?

Mais ſi le reſpect dû aux Temples n'eſt pas une conſidération aſſez forte pour engager les Eccléſiaſtiques mêmes à ſe faire enterrer hors des Egliſes ; ſi l'orgueil ſurvit à l'orgueilleux ; ſi enfin l'on étoit forcé de ne faire le bien qu'à demi ; il eſt une précaution à prendre qui rendra moins dangereux l'uſage d'enterrer dans les Egliſes. Qu'on ne permette d'inhumer dans le Lieu ſaint que les corps embaumés avec ſoin, & dont l'embaumement ſera certifié par ceux qui auront été chargés de le faire. La cupidité pourra, je le ſais, rendre cette précaution inutile ; on produira quelquefois de faux certificats, ou l'on ne les exigera pas avec aſſez d'exactitude, & cela devroit ſuffire pour interdire abſolument toute inhumation dans les Egliſes & dans l'enceinte des Villes, parce qu'on ne peut être trop en garde contre les ruſes de l'intérêt ; mais du moins l'abus ſera rare & moins grand.

drale de ce Diocèse, ait ouvert les yeux du public; soyons persuadés qu'ils seront les premiers à applaudir aux moyens que l'on prendra pour faire cesser une profanation qui les indigne (1).

---

(1) L'exemple des Chanoines de la Cathédrale d'Orléans ne sera probablement pas sans effet sur les Ecclésiastiques de nos jours. M. Lebrun des Marettes dans ses Voyages lithurgiques de France, édit. *in*-8°. de 1757, pag. 215, dit: » Il y a à Orléans une pratique fort bonne & fort louable; » presque tout le monde se fait enterrer dans les cimetieres, » même les Chanoines de la Cathédrale. »

On voit dans le Gall. Christ. édition de Claude Robert, pag. 279 & 280, que des Evêques, renommés par leurs vertus, ont donné le même exemple.

Guillaume Dublé, cinquantiéme Evêque de Châlon-sur-Saone, fit construire le cimetiere de la Motte, où il voulut être enterré, & le fut en 1294.

Robert Desize, cinquante-deuxiéme Evêque de la même Ville, ordonna qu'on l'enterrât dans le même cimetiere auprès de Guillaume Dublé; ce qui fut exécuté en 1315.

Plusieurs Laïques par humilité, ou par les mêmes motifs qui me font desirer qu'on cesse d'enterrer dans les Eglises, ont voulu l'être dans les cimetieres.

On lit dans le Menagiana, tom. 2, pag. 385, que Simon Pietre, Médecin, dont Gui Patin a écrit la vie, défendit par son testament qu'on l'enterrât dans l'Eglise, de peur de nuire à la santé des vivants. Philippe Pietre son fils, Avocat au Parlement de Paris, lui fit cette épitaphe qui se voit au cimetiere de St. Etienne-du-Mont:

Simon Pietre, vir pius & probus,
Hic sub dio sepeliri voluit,
Ne mortuus cuiquam noceret,
Qui vivus omnibus profuerat.

M. de Sainte-Foix, dans le 5e. volume de ses Essais sur

Paris, pag. 132, parle d'un Anatomiſte de Louvain, qui voulut être inhumé au cimetiere, dans la crainte de profaner l'Egliſe & d'incommoder les vivants.

S. A. S. Monſeigneur Philippe, Duc d'Orléans, dernier mort, ſi diſtingué par ſes connoiſſances & ſes vertus, avoit demandé à être inhumé dans le cimetiere.

M. le Chancelier d'Agueſſeau, dont les talents & les vues rendront la mémoire immortelle, recommanda expreſſément qu'on l'enterrât dans le cimetiere d'Auteuil, & ſes volontés ont été reſpectées.

M. Porée, Chanoine du St. Sépulchre de Caen, mort en Juin 1770, a voulu être inhumé dans le vaſte cimetiere de la Collégiale dont il étoit Chanoine. Les lettres que ce vertueux Eccléſiaſtique, frere du célèbre Pere Porée, Jéſuite, a fait imprimer en 1745 à Caen chez Jean-Claude Pyron, prouvent qu'il s'y étoit déterminé par les mêmes motifs que je crois capables d'engager à proſcrire l'uſage d'enterrer dans les Egliſes & dans l'enceinte des Villes. Ces lettres ſont très-rares, & mériteroient une nouvelle édition. J'eſpere qu'on me ſaura gré d'en citer ici quelques morceaux qui doivent faire la plus forte impreſſion ſur les perſonnes pieuſes.

M. Porée dans la ſeconde lettre s'occupe de l'introduction de cet uſage. Il l'attribue d'abord aux ſuccès des irruptions des Barbares dans l'Empire Romain. » On abandonna, dit-il, les » campagnes, & on chercha à mettre les morts hors d'inſulte, » en les inhumant dans les Villes. . .

Il fait voir enſuite que l'introduction des Reliques des Martyrs fut une nouvelle cauſe de cet uſage. « Juſqu'au » ſixiéme ſiécle, il n'y avoit que les corps de ceux qui avoient » ſcellé la foi de leur ſang, à qui on rendit cet honneur. Au » neuviéme ſiécle on l'accorda aux corps de ceux qui étoient » morts en odeur de ſainteté. La dévotion pour les Reliques » augmenta juſqu'au point que leur enlevement cauſa des » émeutes populaires & de ſanglants combats en pluſieurs » endroits. Les Reliques entrerent dans le commerce. On » achetoit fort cher ces dépouilles mortelles, & le négoce en

tout dans les Eglises, feroient-ils moins d'impression sur nous que sur les Irlandois, que

» devint frauduleux malgré le soin des Conciles, qui prohi- » boient ces abus. Ceux qui procuroient les Reliques les plus » célèbres, étoient censés faire aux Eglises un présent inesti- » mable, & en récompense on leur accordoit la sépulture au- » près de ces vénérables dépôts. Ceux qui contribuoient à la » construction des Chasses, prétendoient aux mêmes honneurs. » Ces chasses, où l'or étoit prodigué, ornées de perles & de » pierreries, coûtoient des sommes qui nous étonnent aujour- » d'hui. Or, le Clergé & les Moines faisoient entendre aux » Fideles qu'ils ne pouvoient leur accorder une plus grande » récompense, que de les placer, après leur mort, dans un » lieu où reposoient les corps des Saints. Ils les leur faisoient » regarder comme une sauve-garde & une forte protection, „ même au-delà du trépas : vous savez que Louis XI se fit „ couvrir entiérement de reliques, croyant par ce moyen „ pouvoir éloigner la mort, qui lui causoit de si grandes & „ de si justes frayeurs.

„ Un abus ne tarde guere à en occasioner un autre. Les „ inhumations dans les Eglises, accordées à tous ceux qui „ contribuoient à leur decoration, ou à l'augmentation de „ leurs revenus, vinrent à un point que plusieurs Conciles „ défendirent d'enterrer dans les Eglises d'autres personnes „ que les Fondateurs & les Patrons. Ces défenses étoient „ bien sages; mais les canons des Conciles provinciaux ne „ faisoient que suspendre pour quelque temps, les abus qui „ regnoient dans les lieux où s'étendoit leur jurîdiction. Les „ Provinces voisines ne se croyoient pas liées par des cen- „ sures locales. La coutume plus forte que la raison, plus „ impérieuse que les Loix, reprenoit bientôt le dessus. Ajou- „ tez à cela qu'une certaine Scholastique toute pêtrie de „ péripatétisme, ayant introduit, en bien des choses, le phy- „ sique à la place du moral, on crut que beaucoup de cé- „ rémonies agissoient physiquement. Ainsi les peuples s'ima- „ ginerent que leurs ames auroient plus de part aux prieres „ & aux sacrifices, lorsque leurs corps seroient plus près „ des Autels & des Prêtres. Delà leur empressement à être „ mis dans les Eglises & jusques dans le sanctuaire, per- „ suadés que les suffrages agissoient sur eux avec plus d'ef-

sur les Danois qui viennent de les proscrire, que sur les Musulmans qui regarderoient

---

,, ficacité, & en raison des distances. C'est ainsi qu'on don-
,, noit une sphere d'activité à des prieres & à des cérémo-
,, nies religieuses, dont l'effet immédiat est tout moral. "

Après avoir montré que de fausses idées, & non moins ridicules que fausses, ont introduit l'usage contre lequel il s'éleve, M. Porée s'attache à faire sentir, par l'état des corps livrés à la putréfaction dans les Eglises, ce qu'il y a d'indécent dans cet usage.

" Le corps est un objet d'horreur qu'on ne pouvoit toucher
,, chez les Hébreux, sans être censé impur. Tout en étoit souil-
,, lé : les choses même incapables de moralité contractoient une
,, impureté légale. Par-tout on se hâte de l'enlever aux yeux
,, des vivants & aux regards de toute la nature. On bannit
,, de son logis celui qui en étoit le propriétaire; on ne re-
,, connoît plus aucun de ses droits : on n'en chasseroit pas
,, plus vîte un usurpateur. Quoi! s'il est indigne d'occuper
,, une maison qu'il a peut-être fait construire, qu'il a ornée
,, & embellie, sera-t-il jugé digne d'occuper un édifice pu-
,, blic consacré à la Divinité? s'il souilloit ses propres ap-
,, partements, convient-il qu'il vienne infecter un lieu des-
,, tiné à la Religion & à ses exercices? Les Payens étoient
,, plus respectueux que nous envers leurs Temples. Bien
,, plus, les lieux qui servoient à ces usages, en étoient fort
,, éloignés. Cependant dans les lieux où l'on brûloit les morts,
,, ce qui s'étendoit à une grande partie de la terre, il n'en
,, restoit qu'un peu de cendres, qui, recueillies dans une
,, urne, n'auroient causé ni infection, ni indécence. "

Enfin, répondant à une objection prise de ce que nos corps, selon St. Paul, sont le temple du S. Esprit, M. Porée fait observer " que cette présence de l'Esprit Saint, par sa grace,
» dans les personnes sages & pieuses, ne bannit pas la cor-
» ruption naturelle de leur corps. Cette présence n'est pas
» toujours persévérante : le péché l'a fait malheureusement
» disparoître. Ce qui étoit auparavant le temple de Dieu,
» peut devenir en un moment l'habitation du Démon, do-
» micile d'autant plus profane qu'il avoit été plus saint. Or,
» dans le degré de corruption où sont parvenues les mœurs,
» ne risque-t-on pas à placer tous les jours dans les Eglises,
» des corps qui ont été habituellement la retraite impure des

comme un crime d'enterrer dans les mosquées, & qui dans la juste crainte d'empester les vivants, ne permettent de sépultures que hors de l'enceinte des Villes. L'humanité & la religion réclament contre l'usage dont j'ai démontré le danger ; leur voix ne frappera pas inutilement l'oreille des Français.

FIN.

» démons ? Si vous dites que cette habitation n'est que morale, j'en pourrai dire autant de celle de l'Esprit Saint, laquelle n'est ordinairement physique que par l'immensité & la toute-présence de Dieu. On verra donc, au grand jour, sortir de l'enceinte de nos Temples, & jusques du pied des Autels, une foule de réprouvés qui seront exilés pour toujours du reste de l'univers, & relegués dans le séjour d'une éternelle horreur...... Quoi qu'il en soit, il est vrai de dire que nos Eglises renferment une infinité de cadavres plus corrompus par les vices que par les principes qui en procurent la destruction. Pourquoi donc employer les Lieux saints à renfermer cet assemblage monstrueux de corps, dont les uns seront un jour glorifiés, & dont les autres, déjà excommuniés devant Dieu, serviront de pâture à un feu qui ne s'éteindra jamais. "

EXTRAIT des Registres de l'Académie des Sciences, Arts & Belles-Lettres de Dijon, du 19 Mars 1773.

MESSIEURS de Morveau & Durande, Commissaires nommés pour examiner le Mémoire de M. Maret puiné, Secretaire perpétuel pour la partie des Sciences, sur le danger d'inhumer dans les Eglises & dans l'enceinte des Villes, ont fait leur rapport ; ils ont dit que ce Mémoire offrant des détails concluants contre l'usage qu'il attaque, & développés avec autant de sagesse que de sagacité, il seroit important, si l'Académie en adoptoit les vues, qu'elle délibérât d'en faire remettre une copie à Monseigneur l'Evêque, une à Monsieur le Procureur Général, & une à M. le Syndic de la Ville, afin de faire connoître à son éminence & aux Magistrats tous les inconvénients de l'usage subsistant, & les motifs pressants qui sollicitent l'établissement des cimetieres hors des Villes.

Ils ont ajouté que cet Ouvrage étant fait avec beaucoup de soin, & rempli de grandes recherches & de réflexions intéressantes, ne pouvoit que faire honneur à son Auteur, & qu'on pouvoit permettre à Mr. Maret de prendre à la tête de cet Ouvrage, lors de l'impression, le titre de Secretaire perpétuel de l'Académie.

Ce rapport oui, l'Académie convaincue de la vérité des dangers auxquels le public est exposé par les inhumations faites dans l'intérieur des Villes & dans les Eglises, & persuadée que l'Ouvrage de Mr. Maret, en démontrant jusqu'à quel point cet usage est pernicieux, imposera silence aux préjugés qui le favorisent, achevera de réunir les vœux de tous les Citoyens, dont une grande partie s'est déjà ouvertement déclarée à l'occasion de ce qui vient de se passer à la Cathédrale, & secondera les vues des Magistrats qui s'occupent de cet objet, a arrêté :

Que le Mémoire de Mr. Maret seroit remis à Monseigneur l'Evêque, à Monsieur le Procureur Général & à Mr. le Syndic de la Ville, par Mr. Perret, Secretaire perpétuel pour la partie des Belles-Lettres; qu'il seroit chargé de représenter à ces Messieurs, que l'Académie auroit cru manquer à ce que les Citoyens éclairés doivent à leur Patrie, si elle ne leur eût pas fait connoître sa façon de penser sur un abus qui intéresse aussi essentiellement le bonheur public; auquel effet extrait de la présente délibération seroit délivré par le Secretaire perpétuel, pour être joint audit Mémoire.

Elle a aussi autorisé Mr. Maret à prendre la qualité de Secretaire perpétuel à la tête de son Mémoire, lors de l'impression, & même à faire imprimer la présente délibération.

Je soussigné Secretaire perpétuel de l'Académie pour la partie des Belles-Lettres, certifie le présent extrait conforme à l'original. A Dijon ce 18 Août 1773. Signé, PERRET.

APPROBATION.

J'AI lu, par ordre de Monseigneur le Chancelier, un *Mémoire sur les dangers d'enterrer les Morts dans les Eglises & dans l'enceinte des Villes*, par M. Maret, Docteur en Médecine, & Secretaire de l'Académie de Dijon : cet Ouvrage ne peut faire que beaucoup d'honneur à son Auteur, tant comme Médecin, que comme Citoyen, & je l'ai trouvé très-digne de l'impression. A Paris ce 6 Juillet 1773. *Signé*, POISSONNIER-DESPERRIERES.

www.ingramcontent.com/pod-product-compliance
Ingram Content Group UK Ltd.
Pitfield, Milton Keynes, MK11 3LW, UK
UKHW020949180726
13838UKWH00003B/1225